Für Elie Jolliet, Kirchenmusiker und Hymnologe, und für meine Enkelinnen Taina und Leia sowie ihre Boyfriends Stef und Lionel.

Meine Enkelinnen und Enkel haben sich an der Entstehung dieses Buchs beteiligt: Taina und Leia und ihre Boyfriends haben den Umschlag gestaltet. Der junge Künstler Elie ist kein Verwandter, doch er ist mir im Alter auch so etwas wie ein Enkel geworden. Wir diskutieren gerne miteinander. Ohne ihn wäre dieses Buch nicht entstanden. Elie hatte sich über einen bedauerlichen Vorfall in einer Kirchgemeinde aufgeregt, der durch eine biblizistisch-fundamentalistische Bibelauslegung ausgelöst worden war. Zur gleichen Zeit wandten sich Menschen an mich, die durch ein die Bibel verachtendes Buch in Aufregung versetzt worden waren. Ich stand vor der Frage: Wie können Menschen, welche die Bibel weder von Deckel zu Deckel wörtlich nehmen noch sie einfach verächtlich wegwerfen wollen, bewegt werden, das Buch, das den grössten Einfluss auf die Entwicklung der Menschheit gehabt hat, zu lesen und sogar die Stimme Gottes zu hören? Und so beschloss ich, dieses Buch zu schreiben. Vielleicht werden selbst einige nach ihm greifen, welche die Bibel bislang immer als etwas höchst Langweiliges empfunden haben. Vielleicht sogar einige Bibel-Verächter.

Marcel Dietler

Über die Bücher gehen

Ein Gespräch mit Bibel-Verächtern, Bibel-Gläubigen,
Bibel-Freunden, Bibel-Neueinsteigern
und Bibel-Gelangweilten

*Bibliografische Information der Deutschen Nationalbibliothek:
Die Deutsche Nationalbibliothek verzeichnet diese Publikation in
der Deutschen Nationalbibliografie; detaillierte bibliografische Daten
sind im Internet über http://dnb.dnb.de abrufbar.*

© 2020 Marcel Dietler

Umschlagfotos: Taina Dietler und Stefano Salomone

Layout und Lektorat: Urs und Kathrin Meier

Herstellung und Verlag: BoD – Books on Demand, Norderstedt

ISBN: 9783750482371

Inhaltsverzeichnis

Über die Bücher gehen

Über die Bücher gehen ist vor allem in der Schweiz ein geläufiger Ausdruck. Wer über die Bücher geht, ist willig, sich neu zu orientieren. Wer willig ist, mit der Heiligen Schrift über die Bücher zu gehen, wird in ihre Bücher hineingehen und staunen.

Ich bin selber kein Bibel-Gläubiger. Ich bin ein Christusgläubiger und darum ein Bibel-Freund, denn ohne die Bibel würde ich Christus nicht kennen. Bibel-Gläubiger und Bibel-Freund sind nicht dasselbe. Freunde können einander beeinflussen, prägen, inspirieren, doch sie erteilen einander keine Befehle. Hingegen können sie einander kritisieren. Von der Bibel her kritisiere ich vieles, was mir in Wirtschaft und Politik als Christ missfällt, aber von meinem von der heutigen Zeit mitgeprägten Glauben aus mache ich auch kritisch auf Glaubensvorstellungen der Bibel aufmerksam, die nicht vom Heiligen Geist, sondern vom damaligen Zeitgeist geprägt sind. Ich glaube, Martin Luther wäre mit mir einverstanden. In seiner Vorrede zum Neuen Testament nannte er den Jakobusbrief «eine stroherne Epistel». Er weigerte sich, diesem Brief apostolisches Gewicht zuzuschreiben. Er sagte: «Auch ist das der rechte Prüfstein, alle Bücher zu tadeln, wenn man sieht, ob sie Christus treiben oder nicht. (…) Was Christum nicht lehrt, das ist nicht apostolisch, wenn gleich Petrus oder Paulus es lehrte; wiederum was Christum predigt, das wäre apostolisch, wenn's gleich Judas, Hannas, Pilatus oder Herodes täte.»

Die Bibel ist eine Bibliothek mit sechsundsechzig Büchern. Wenn man die in der hebräischen Bibel nicht enthaltenen sogenannten Apokryphen dazu nimmt, von denen Martin Luther sagt, dass sie der Heiligen Schrift nicht gleichzuhalten, aber nützlich und gut zum Lesen seien, steigt die Anzahl auf zweiundsiebzig. Die Entstehungszeit dieser Bücher erstreckt sich über 3600 Jahre. Für Bibel-Gläubige ist Gott der Autor dieser Bücher; die Bibel ist für sie daher absolut unfehlbar. Für Bibel-Freunde ist nicht alles, was die Bibel sagt, vor Christus zu verantworten. Es gibt Ereignisse in der Bibel, auch Gebote und Verordnungen, die nicht zu Christus passen. Für Bibel-Freunde ist, im Gegensatz zu den Biblizisten, Gott nicht der alleinige Autor der Heiligen Schrift. Menschen mit ihrer zeitbedingten und kulturellen Prägung und ihren charakterlichen Defiziten sind bei der Entstehung der Bibel recht kräftige Co-Autoren.

Für Bibel-Verächter sieht es noch einmal ganz anders aus: Für sie ist das Buch der Bücher ein durchwegs menschliches, oft sogar unmenschliches Buch mit lauter Irrtümern und Absurditäten, das in der Geschichte der Menschheit grosses Unheil angerichtet hat. Für sie sind Menschen, die an den Gott der Bibel glauben, krankhafte Neurotiker. Nach Meinung der Bibel-Verächter sollten Erwachsene, die den Kindern biblische Geschichten erzählen, bestraft werden. Es gibt Bücher zuhauf, in denen man lesen kann, was die Verächter der heiligen Schriften von gläubigen Christen, Juden und Muslimen halten. Als Beispiel sei hier bloss das Buch *Der Gotteswahn* von Richard Dawkins erwähnt.

Bibel-Freunde werden mein Buch gern lesen. Bibel-Gläubige und Bibel-Verächter werden nur dann nach ihm greifen, wenn die leise Hoffnung besteht, dass sie bereit sind, mit ihrer Haltung über die Bücher zu gehen, um einen neuen, lebendigen Zugang zum Buch der Bücher zu finden. Für Bibel-Neueinsteiger kann mein Buch eine Hilfe sein; sie werden es spannend finden. Auch Biblizisten werden es spannend finden, wenn auch im negativen Sinn. Einer von ihnen hat mir bereits im Vorfeld zu diesem Buch mit dem Gericht Gottes gedroht. Diese Aufregung und Drohung hinwiederum können Bibel-Gelangweilte nicht nachempfinden. Für sie ist mein Buch weder spannend noch ärgerlich, sondern nur nichtssagend. Sie werden es höchstens als Schlafmittel benutzen.

In einer Bibliothek gibt es Bücher verschiedenartiger Gattungen. Das gilt auch für die Heilige Schrift. So gibt es in der Bibel Erzählungen über historische Ereignisse: Es wird etwa berichtet, wie das grosse Reich, das David aufgebaut hatte, seine Selbständigkeit

14

verlor, schrumpfte und ein Vasallenstaat in der Hand von Fremdmächten wurde. In der Bibel finden sich aber auch Gebetsbücher und Liedersammlungen, Mythen und Legenden. – Beim Stichwort Mythen runzeln die Bibel-Gläubigen unter den Leserinnen und Lesern die Stirn. Einige mögen vielleicht gerade noch knapp akzeptieren, dass die Schöpfungsgeschichte und die Erzählung von Adam und Eva Mythen sind, aber wenn sie hören, dass auch Abraham und Sara, Hiob und der von einem Fisch verschluckte Jona ein Mythos sein sollen, würden sie sich am liebsten aus unserem Leserkreis verabschieden. Doch vielleicht, aber nur vielleicht, werden einige dennoch weiterlesen.

Was, Sie selber sind immer noch dabei? Gratuliere! Sie wollen offenbar wirklich über die Bücher gehen. Sie sind offenbar neugierig. Sind Sie ein neugieriger Bibel-Gläubiger oder vielleicht gar ein neugieriger Bibel-Verächter? Damit ich die Bibel-Verächter nicht schon auf den ersten Seiten meines Buches verliere, wende ich mich als erstes an sie.

Die Argumente der Bibel-Verächter

Nach der Lesart der Bibel-Verächter kann der Schöpfer des Universums, der den Lauf der Milchstrassen, der Sonnensysteme und der Sterne aufs genauste berechnet hat, nicht als alleiniger Autor der Heiligen Schrift in Frage kommen, weil dieser Autor ein schlechter Rechner ist. Im Buch Esra wird im ersten Kapitel, in den Versen 8 bis 11, erzählt, wie der Perserkönig Kyros den Juden die kostbaren Tempelgeräte zurückerstattete, welche die Babylonier aus dem Tempel geraubt hatten. In der wissenschaftlich genauen Übersetzung der Jerusalemer Bibel finden sich folgende Zahlenangaben:

30 goldene Schalen
1029 silberne Schalen
30 goldene Becher
410 silberne Becher
1000 andere Geräte

Mathematiker kommen zum Schluss, dass das insgesamt 2499 Gegenstände sind. Nach Rechnung des vielleicht nicht so ganz göttlichen Bibelautors sind es jedoch 5400 Gegenstände. Das ist schlechte Werbung für die Unfehlbarkeit der Bibel.

Der Schöpfer, der alle Tiere und Pflanzen geschaffen hat, ein jegliches nach seiner Art, versteht als Bibelautor auch nichts von Zoologie. Er sagt:

Nur diese Art sollt ihr nicht essen von den Wiederkäuern oder denen, die völlig gespaltene Hufe haben: das Kamel und den Hasen und den Klippdachs. (5. Mose 14,7)

Gott müsste als Schöpfer der Tiere eigentlich wissen, dass der Hase kein Wiederkäuer ist. Die Fledermaus wiederum ist ein Säugetier und nicht, wie der Autor in 3. Mose 11,13-19 behauptet, ein Vogel. Nach Jesus ist das Senfkorn der allerkleinste Samen

(Mt. 13,31). Es gibt jedoch Sämlein, die kleiner sind als ein Senfkorn, und zudem müsste Gott eigentlich wissen, dass aus einem
Senfkorn kein Baum wachsen kann, in dem Vögel nisten könnten.

Nicht nur im Koran, auch im Alten Testament gibt es grausige
Dinge, die ein liebender Gott eigentlich nicht tun dürfte. Man
denke zum Beispiel an das Drama mit Jephtahs Tochter. Jephtah
wird zunächst als unehelicher Sohn von seinen Halbbrüdern
schlecht behandelt und vom Erbe ausgeschlossen. Doch er ist ein
tapferer Kriegsheld; man braucht ihn, um gegen die Moabiter
und Ammoniter zu kämpfen. Er ist ein sehr gläubiger Mann. Er
verspricht Gott, er werde IHM im Falle eines Sieges das erste, das
ihm nach dem Sieg aus dem Hause entgegentreten werde, als
Brandopfer darbringen (Ri. 11,30). Wahrscheinlich denkt er an
seinen treuen Hund, der ihm immer schwanzwedelnd entgegen-
läuft. Unglücklicherweise ist es jedoch sein einziges Kind, seine
Tochter, die ihm mit Handpauken und Reigen fröhlich entge-
geneilt. Jephtah tut, was er versprochen hat – die Tochter ist sogar einverstanden; auch sie ist ein gläubiges Mädchen. Sie wird als
Brandopfer dargebracht. Die Bibel-Verächter reiben sich vergnügt
die Hände. «Seht, was der Glaube immer wieder für Unheil anrichtet», sagen sie. «Da wird in seinem Namen eine Jungfrau geopfert. Ist der Gott der Juden und der Christen so etwas wie der
Drache im Märchen, dem man eine Jungfrau opfern muss?»

Unter den Bibel-Verächtern gibt es edle Tierschützer. Da wollen
wir ihnen gleich eine weitere Bibelstelle liefern, die sie in ihrer
Bibelverachtung stützt. Simson, der Mann Gottes mit der Kraft
in den langen Haaren und der Schwäche für schöne Frauen in
den Lenden, dieser Mann Gottes vernichtet die Weizenfelder der
Philister, indem er 300 Füchse fängt, diese an den Schwänzen
zusammenbindet, dazwischen eine brennende Fackel klemmt und
sie in die Felder der Philister treibt. «Die armen Füchse!», jubeln
die Bibel-Verächter. Und was ist mit den noch viel ärmeren Men-

schen in Ägypten? Für die Kinder Israel öffnet Gott grosszügig ein ganzes Meer, doch dann lässt der gütige Gott das Meer mit Wucht über tausende von Ägyptern zurückfluten? Was konnten diese Soldaten dafür, dass sie Israel nachjagen mussten? Diese Ägypter hatten Frauen und Kinder! Hätte der allmächtige Gott die Verfolger nicht durch einen heftigen Wind aufhalten können? Was Gott da anrichtet, nennt man Massenmord! Aus der Sicht der Bibel-Verächter ist die Bibel ein schreckliches Buch.

Doch gerade bei diesen ertrunkenen Ägyptern zeigt sich, dass man im Blick auf die Bibel über die Bücher gehen dürfte. Der Talmud ist das jüdische Auslegungsbuch der hebräischen Bibel; er ist fast so wichtig wie die Bibel selber. Im Talmud jubeln die Engel über die Rettung der Kinder Israel. Da tadelt Gott sie und sagt: «Wie könnt ihr jubeln, wenn da unten meine Kinder tot liegen?» Der Talmud bringt also eine Korrektur der anstössigen Bibelstellen. Die Bibel ist nicht ein sturer unveränderlicher Block, wie Bibel-Verächter gerne glauben möchten; die Bibel verändert sich.

Als Kinder haben wir bei den Pfadfindern manchmal eine Entscheidung getroffen, indem wir «Kopf oder Zahl» spielten. Einige wollten zum Beispiel unbedingt ein Herbstlager im Tessin, andere lieber im Februar ein Skilager in Adelboden. Beides war nicht möglich. In solchen Situationen wurde eine Münze geworfen. Eine Münze kann, wenn sie zu Boden fällt, einen Kopf oder eine Zahl anzeigen. Doch auch wenn wir nicht beides sehen, trägt sie sowohl den Kopf als auch die Zahl. Für die Bibel bedeutet Kopf oder Zahl: Offenbarung Gottes oder menschliche Entwicklung rings um die Gottesfrage. Für einige ist die Bibel so ins Leben «gefallen», dass sie nur die Offenbarung Gottes sehen. Sie drehen die Bibel nie um, sie nehmen die menschliche Entwicklung nicht zur Kenntnis. Bei anderen Menschen wiederum ist die Bibel so gefallen, dass sie in ihr nur ein Buch sehen, das die menschliche Entwicklung von Glauben und Gottesbild im Verlauf der Jahrhunderte schildert. Zu dieser Gruppe gehören diejenigen, die auf der menschlichen Seite der Bibel nur das Entsetzliche und Groteske sehen.

Der Höhepunkt der Heiligen Schrift ist für Christen die Geburt und das Leben von Jesus Christus, doch auch er lag als Kind in Windeln. Wer bei einem kleinen Kind nur die vollgemachten Windeln sieht, verpasst etwas Wunderbares. Bibel-Verächter sehen in der Heiligen Schrift nichts anderes als Windeln und die Ausscheidungen des Kindes.

Hier einige Zitate verschiedener Philosophen und Schriftsteller, gefunden im Buch *Die Bibel im Kreuzfeuer* von Hans Jürgen Ferdinand:

> *Die Bibel ist der grösste Bestseller aller Zeiten, meistgekauft und häufigst verschenkt. Aber die wenigsten lesen sie. Ihr Studium bringt in voller Objektivität überraschend Erschreckendes zutage: Lügen über Lügen, Entstellungen der Geschichte, Verfälschungen des von anderen Völkern übernommen und gestohlenen Glaubensgutes, tendenziöse Umformungen der Mythen und Legenden und Kulte anderer Religionen und Kulturen.*
> *Hubertus Mynarek, ehemaliger katholischer Priester, Philosoph und Religionswissenschaftler, geboren 1929*
>
> *Die Bibel wird uns als Quelle unserer Moral vorgehalten. Und die biblische Geschichte über die Zerstörung Jerichos durch Josua sowie ganz allgemein über den Einzug ins Gelobte Land ist moralisch nicht von Hitlers Invasion in Polen oder Saddam Husseins Massakern an den Kurden und Marsch-Arabern zu unterscheiden. Ich kann nur den Kopf darüber schütteln, dass Menschen ihr Leben noch heute auf ein derartiges widerwärtiges Vorbild wie Jahwe stützen – und, was noch schlimmer ist, dass sie rechthaberisch versuchen, dieses böse Unge-*

heuer (ob echt oder erfunden) auch uns anderen aufzu-
zwingen. Doch leider halten uns religiöse Eiferer dieses
seltsame Buch als unfehlbare Quelle für Ethik und Le-
bensregeln unter die Nase.
Richard Dawkins, Biologe und kämpferischer Atheist,
geboren 1941

Würde der Mensch heute den Lehren des Alten Testa-
mentes folgen, dann wäre er ein Krimineller. Würde er
den Lehren des Neuen Testamentes genau folgen, dann
wäre er ein Verrückter.
Robert Green Ingersoll, Schriftsteller, 1833-1899

Wir leben in einer Zeit der Ungleichzeitigkeit: Wäh-
rend wir technologisch im 21. Jahrhundert leben, sind
unsere Weltbilder mehrheitlich noch von Jahrtausende
alten Legenden geprägt. Diese Kombination von höchs-
tem technischem Know-how und naivstem Kinderglau-
ben könnte auf Dauer fatale Konsequenzen für unsere
Spezies haben. Wir verhalten uns wie Fünfjährige, de-
nen die Verantwortung über einen Jumbo-Jet übertra-
gen wurde.
Michael Schmidt-Salomon, geboren 1967, häufiger
Gast am deutschen Fernsehen

Mein Urteil über solche Äußerungen: Wer das sich im Verlaufe
von Jahrtausenden entwickelnde Bibelkind mit solchen Augen
betrachtet, sieht nur die vollgemachten Windeln. Er sieht nicht,
dass sich da etwas entwickelt hat, das die Welt zu ihrem Besten
verändert hat und immer noch verändert. Ungewollt trifft einer
dieser negativen Kritiker, Robert Green Ingersoll, dennoch den
Kern der Sache: *Wer den Lehren des Neuen Testaments genau folgt,*
ist ein Verrückter.

Christen waren und sind in der Tat immer wieder Ver-rückte,
weggerückt vom prägenden Zeitgeist, jetzt schon ein Stück Reich

Gottes verwirklichend. Wie Paulus zu Recht sagt: *Narren Christi* (1. Kor. 4,10).

Vielleicht hilft sowohl den Bibel-Verächtern als auch den biblizistischen Wörtlichkeitsverfechtern ein Hinweis von Rabbi Salomon Ben Isaak, genannt Rashi (1040-1105), dem grössten jüdischen Thorakommentaristen, der den Rat gibt, die Thora gleichsam mit zwei Fingern zu lesen. Der eine Finger steht für die Kenntnisnahme der Wörtlichkeit des Texts, der andere Finger geht durch die ganze Thoraauslegungsgeschichte und denkt darüber nach, was die Rabbis in ihren gegensätzlichen Auslegungen in vielen Jahrhunderten Erleuchtendes (Drash) gesagt haben.

Die Sammlung der Auslegungen ist der Talmud; die ältesten Teile der Sammlung stammen aus der Zeit des babylonischen Exils. Dieser Teil des Talmud heisst Mischna (Wiederholung), die Auslegung aus jüngeren Zeiten ist die Gamara (Vollendung).

Die Bibel ist ein Buch, das für Veränderungen offen ist

Die Bibel ist ein einzigartiges Buch mit Gotteserfahrungen, die sich im Lauf der Jahrhunderte verändern. Eine der wichtigsten Gotteserfahrungen, welche die Bibel bezeugt, ist die Befreiung des Volkes Israel aus der Sklaverei Ägyptens. Das ist Israels Mythos mit historischem Hintergrund. Wäre diese Erzählung kein Mythos geworden, sondern blosses Protokoll, hätte sie nicht die Kraft, die in ihr wohnt. Es ist eine Erzählung, die zum Mythos eines grossen Teils der Menschheit geworden ist. Gott persönlich führt sein Volk auf sichtbare Weise, tagsüber als Wolkensäule, nachts als Feuersäule; er speist es mit dem Himmelsbrot Manna; die zehn Gebote ritzt er mit seinem göttlichen Finger in die beiden Gebotstafeln.

Der Mythos ist die Königssprache Gottes, die Herzen bewegt und Leben verändert. Protokolle, die nichts von der Feuersäule und vom Finger Gottes wissen, tun das nicht. Auch die Ratio, die genau weiss, dass Gott keine Hand mit Fingern hat, tut das nicht – im Mythos jedoch fühlt sich der Gläubige in der Hand Gottes geborgen. Ratio ist gut, aber sie vermag nicht die ganze Wirklichkeit zu erfassen.

Das auserwählte Volk zu sein bedeutet für das befreite Israel, dass es von Gott persönlich regiert wird; er ist sein König. Nach dem Auszug aus Ägypten führt Gott sein Volk nicht mehr durch eine Feuersäule, sondern er spricht durch Propheten, auch Richter genannt, zu den Menschen. Darum dürfen sie nicht wie die andern Völker einen menschlichen König haben. Doch ohne König geht es nun einmal nicht. Es entstehen furchtbare Zustände, weil Israel keine funktionierende Regierung hat. Eine erste Persönlichkeit, die versucht, König zu werden, ist der Sohn, den der Richter und Held Gideon mit seiner Nebenfrau aus dem Philisteradel aus Sichem gezeugt hatte. Ihr Vater war der Philisterkönig von Sichem. Die Nebenfrau gab ihrem Sohn einen Namen, der in Israel als Provokation empfunden werden musste: Abimelech – mein Vater ist König. Gemeint ist: Mein Vater ist Philisterkönig. Undenkbar für ein Volk, dessen Erbfeinde die Philister sind und für das Gott der König ist. Es gelingt Abimelech, Männer der noch nicht israelitisch sozialisierten Bevölkerung Sichems auf seine Seite zu ziehen. Die siebzig Söhne von Gideons anderen Frauen bilden bereits so etwas eine vorkönigliche Regierung, eine Oligarchie. Mit militärischer Hilfe der Männer aus Sichem schafft es Abimelech, die Mitglieder der Gideon-Oligarchie, seine Halbbrüder, umzubringen und König von Sichem zu werden. Ein einziger Halbbruder, Jotham, kann entkommen.

Jotham kritisiert Abimelechs Bestrebungen, das Königtum einzuführen, in Form einer wunderbaren Fabel: Die Bäume wollten unbedingt, dass ein König sie regiere. Sie gingen zum edelsten aller Bäume, zum Ölbaum. Doch dieser hatte nicht die Absicht, auf seine Ölproduktion zu verzichten, und lehnte ab. Auch der Feigenbaum weigerte sich, von seinen saftigen Früchten zu lassen und stattdessen über die Bäume zu herrschen. Dieselbe Absage erteilte ihnen der Weinstock. Nun war guter Rat teuer. Sämtliche edlen Bäume hatten abgelehnt. Und so wandten sie sich an den Dornbusch. Dieser versprach, ein König zu werden, unter dessen Dornen man sich bergen sollte. Wer sich ihm nicht unterwerfen würde, den würde er mit Feuer vernichten; seine Macht würde gewaltig sein, selbst die mächtigen Zedern würde er überwuchern (Ri. 9). In der Schweiz wird manchmal in Zeiten von Wahlen in den Kirchen über diesen Text gepredigt. Im Wahljahr 2019 habe ich mit Genuss eine solche Predigt gehört.

Abimelech, dem die Fabel galt, hatte keine Chance – nicht mit diesem Philisternamen, und erst recht nicht als Mörder der Söhne Gideons. Er versuchte es zwar mit Gewalt, doch er verlor dabei sein Leben, und dies nicht rühmlich in einem Kampf Mann gegen Mann, wodurch er als Held in die Geschichte eingegangen wäre. Vielmehr kam er bei der Belagerung der Burg Tebez zu nahe an die Stadtmauer und wurde von einem Mühlstein erschlagen, den eine Frau auf ihn herabfallen liess.

Trotz Jothams Warnung wurde der Ruf nach einem König immer lauter. Ein König musste her. Das geschah zur Zeit des letzten Richter-Propheten Samuel.

Da versammelten sich alle Ältesten Israels, kamen zu Samuel und sprachen: Setze nun einen König über uns, dass er uns regiere, wie es bei allen Völkern Brauch ist. Doch Samuel missfiel dies und er betete zum Herrn. Der Herr aber sprach zu Samuel: Willfahre dem Begehren des Volkes; denn nicht dich, sondern mich haben sie verworfen, dass ich nicht König über sie sein soll. (1. Sam. 8,4ff.)

Die Bibel lässt Entwicklung zu. Der lose Stämmeverband schliesst sich unter einem König schliesslich enger zusammen. Es entsteht ein neuer Mythos: der Königsmythos, und im Gefolge des Königsmythos die Messiaserwartung. Ein erster König, Saul, ist zwar zum Scheitern verurteilt. Saul wird von Gott verworfen, weil er, als der Prophet Samuel ein Opfer darbringen sollte, sich aber verspätete, als menschlicher König tat, was nur der Priester tun durfte: Er vollzog das Opfer (1. Sam. 13,7ff.). Man spürt hier so etwas wie einen Machtkampf zwischen Kirche und Staat. Das Resultat des Machtkampfs wird in der Bibel als Gottes Wille ausgelegt. Denkende Bibelleser erkennen, dass manches, was in der Heiligen Schrift als göttlich daherkommt, letzten Endes sogar unmenschlich sein kann. Aber zum Leben gehört auch Unmenschliches. Die Bibel macht uns nichts vor, sie schildert uns das Leben, wie es eben ist. Doch in menschlichen Irrungen und Wirrungen, oft auch in dem, was wir Zufall nennen, ist eine gute Absicht Gottes verborgen. Auch das geht aus der Saulsgeschichte hervor. Saul – die Bibel nennt ihn den schönsten Mann in Israel (1. Sam. 9,2) –, der Sohn des reichen Bauern Kis, hatte nie die Absicht, König zu werden. Als dem reichen Kis die Quelle seines

Reichtums, nämlich die Esel abhandenkamen, war das für ihn eine finanzielle Katastrophe. Vielleicht erschreckt durch ein Gewitter oder ein Erdbeben, hatten sich die Tiere davon gemacht, und Saul sollte sie suchen gehen. Auf seiner Suche gelangte er zu dem Seher Samuel, von dem er sich durch eine Vision zu erfahren erhoffte, wo die Esel sich befanden. Das konnte ihm der Seher zwar nicht sagen, doch salbte er den überraschten Bauernsohn zum – von Gott auserwählten! – König.

1. Samuel 9,1ff. ist die wunderbare Geschichte von einem, der auszog, Esel zu suchen, und eine Krone fand. Oder anders ausgedrückt: Der finanzielle Zusammenbruch wird zur göttlichen Möglichkeit für etwas Grösseres. Auch heute erfahren viele Menschen Gott auf diese Weise. Die Bibel leitet uns an, solche Erfahrungen zu machen.

Saul litt infolge des Drucks des Königtums unter psychotischen Anfällen und Wahnvorstellungen. Krankheiten körperlicher oder seelischer Art galten im frühen Judentum als Zeichen, dass Gott für Sünde strafend eingegriffen oder einen Menschen sogar verworfen hatte. Das Hiobbuch ist im Alten Testament ein erster Aufschrei gegen eine solche Theologie. Die Freunde Hiobs sind Anhänger der alten Theologie und fordern Hiob auf, seine Sünden zu bereuen. Das führt zu heftigen Auseinandersetzungen zwischen Hiob und seinen Freunden. Am Schluss des Hiobbuchs meldet sich Gott höchstpersönlich. Er gibt Hiob recht und tadelt dessen Freunde für ihre Theologie. Doch selbst zur Zeit Jesu ist die Theologie der Freunde Hiobs noch nicht überwunden. In Johannesevangelium stellen kurz vor der Heilung eines Blinden die Jünger Jesu die Frage:

Rabbi, wer hat gesündigt, dieser oder seine Eltern, dass er blind geboren worden ist? Jesus antwortete: Weder dieser hat gesündigt noch seine Eltern, sondern die Werke Gottes sollen an ihm offenbar werden. (Joh. 9,1-7)

Zur Zeit Sauls war man noch nicht so weit. Saul mit seinen Wahnvorstellungen galt als ein von Gott Verworfener. Erst David war nach der Deutung der Bibel ein König nach dem Herzen Gottes. Damit die Bibel-Verächter auch jetzt noch weiterlesen, sei zugegeben, dass dieser Herzensmann Gottes zwar ein hervorragender Politiker, kluger Heerführer und einzigartiger Poet war, jedoch bedenkliche Charakterschwächen zeigte. Auch das verschweigt uns die Bibel nicht. David schwängerte die Frau eines seiner besten Generäle und sorgte schlau dafür, dass dieser in einer Schlacht keine Überlebenschance hatte und getötet wurde.

«Tolle Heilige Schrift habt ihr da», sagen die Bibel-Verächter. Aber Tatsache ist, dass die Bibel sich in diesen Irrungen und Wirrungen der Menschen weiterentwickelt. Jetzt hat man einen König, was ursprünglich völlig *unbiblisch* war.

Die Bibel lässt Veränderungen zu; sie entwickelt sich.

Im apostolischen Glaubensbekenntnis bekennen die Christen im dritten Artikel den Glauben an ein ewiges Leben.

> *Ich glaube an den Heiligen Geist ... die Auferstehung der Toten und ein ewiges Leben.*

In den ältesten Teilen der hebräischen Bibel ist von einer Auferstehung der Toten und einem ewigen Leben nicht das Geringste zu finden. Erst im Danielbuch ist davon die Rede.

Selbst zur Zeit Jesu galt der Glaube an die Auferstehung der Toten und an das ewige Leben für die altgläubigen Sadduzäer als von den Pharisäern eingeführte Irrlehre. Theologisch war Jesus somit ein Pharisäer. In einem Streitgespräch mit den Sadduzäern verteidigt er die Auferstehung von den Toten mit den Worten:

> *Was die Auferstehung von den Toten betrifft, habt ihr nicht gelesen, was euch von Gott gesagt ist, welcher spricht: Ich bin der Gott Abrahams und der Gott Isaaks*

*und der Gott Jakobs. Er ist nicht ein Gott von Toten,
sondern von Lebendigen.* (Mt. 22,31-33)

Auferstehung und ewiges Leben sind eine Weiterentwicklung
innerhalb der Bibel, die zur Zeit Jesu noch nicht von allen akzeptiert war.

Selbst das oft negativ gewertete «Auge um Auge, Zahn um Zahn»
ist eine beachtliche Weiterentwicklung. In 1. Mose 4,23 steht das
Lamechlied. Lamech ist ein Nachkomme des Brudermörders
Kain. Lamech hatte zwei Frauen, Adda und Zilla. Diesen Frauen
sang er ein furchtbares Lied:

> *Adda und Zilla, hört meine Rede, ihr Weiber Lamechs
> vernehmt meinen Spruch! Einen Mann erschlug ich für
> meine Wunde und einen Jüngling für meine Strieme.*

Wegen eines kleinen Wündelchens bringt Lamech einen Menschen
um. Dazu sagt die hebräische Bibel in späterer Zeit: Strafe
soll zwar durchaus sein, aber sie muss in einem Verhältnis zur Tat
stehen: «Auge um Auge, Zahn um Zahn». Jesus geht in derselben
Thematik noch einen Schritt weiter. Er bringt die Entfaltung
dessen, was Gott schon im Alten Testament keimhaft angelegt
hat:

> *Ihr habt gehört, dass zu den Alten gesagt wurde: Auge
> um Auge, Zahn um Zahn, ich aber sage euch: liebet eure
> Feinde.* (Mt. 5,38ff.)

Die Neuinterpretation bei Jesus ist nicht ein Widerspruch zum
Alten, sondern dessen Erfüllung.

> *Ich bin nicht gekommen, um das Gesetz oder die Propheten
> aufzulösen, sondern um es zu erfüllen.* (Mt.
> 5,17)

Eine biblizistische Leserin wiegt nachdenklich ihr Haupt über
diesem Jesus-Zitat, doch schliesslich fasst sie sich wieder in ihrer

Bibelautoritäts-Haltung und sagt in aller Schärfe: «Marcel Dietler, eine solche Umdeutung darf sich höchstens Jesus erlauben, du nicht. Ich stelle fest, dass für dich die Bibel nicht das klare Wort Gottes ist, das sie für gläubige Christen sein sollte. Für dich ist die Heilige Schrift keine verbindliche Autorität.» – «Bist du eine Muslima?» frage ich lächelnd. «Natürlich nicht», brummt sie unwirsch. «Was soll diese Frage?» – «Nun», entgegne ich, «für die Muslime ist der Koran das klare Wort Gottes, die Autorität, der wir Gehorsam schulden. Für Christen ist Christus das Wort Gottes; Christus ist unsere Autorität. Jesus sagt ausdrücklich, dass sie vor zweitausend Jahren nicht alles wussten, sondern dass ihnen viele Wahrheiten erst später aufgehen würden.»

Die Biblizistin schaut mich verunsichert an und fragt: «Wo hat Jesus so etwas gesagt?» – «Im Johannesevangelium.»

Noch vieles habe ich euch zu sagen, aber ihr könnt es jetzt nicht tragen. Wenn aber jener kommt, der Geist der Wahrheit, der Heilige Geist, wird er euch in die ganze Wahrheit leiten; denn er wird nicht von sich aus reden, sondern was er hört, wird er reden, und das Zukünftige wird er euch verkündigen. Er wird mich verherrlichen; denn aus dem Meinigen wird er es nehmen und euch verkündigen. Alles, was der Vater hat, ist mein; deshalb habe ich gesagt, dass er es aus dem Meinigen nimmt und euch verkündigen wird. (Joh. 16,12-15)

Über diese Neuinterpretation müssen wir Christen miteinander ringen, um einen gemeinsamen Weg zu finden. In der katholischen Kirche ist das, was die Theologen sagen, etwas ganz anderes als das, was die Hierarchie sagt, und bei uns liegen liberale und evangelikale Christen weit auseinander. Wir müssen miteinander ringen. Ich nehme mit meinem Buch an diesem Ringen teil.

Jesus hat sich durch die Neuinterpretation des Alten, die für ihn Erfüllung dessen war, was die Bibel immer wollte, viele Feinde geschaffen. Und diese Neuinterpretation hat ihn schliesslich als *Gesetzesbrecher* ans Kreuz gebracht.

Der Gottesglaube kann Schritte tun, die im Widerspruch zu dem zu stehen scheinen, was früher geschrieben worden ist. Das ist nicht nur bei Jesus der Fall, sondern auch bei seinen Nachfolgern: Zum Gottesvolk zu gehören, ohne beschnitten zu sein, ist in der hebräischen Bibel undenkbar. Doch im Neuen Testament beschliesst das Apostelkonzil, dass Männer, die nicht Juden sind, sich nicht beschneiden lassen müssen, wenn sie christusgläubig werden. Undenkbar war ursprünglich auch der Verzehr von Schweinefleisch oder die Verlegung des Ruhetages vom Sabbat auf den Sonntag. Doch später wird von den Christen Schweinefleisch verzehrt und der Sonntag gefeiert. Das ist kein Widerspruch, sondern eine Weiterentwicklung.

Die Bibel liegt heute als ein abgeschlossenes Ganzes vor. Es wird an ihr nicht mehr weitergeschrieben, doch die Entwicklung des Gottes- und Glaubensverständnisses bleibt nicht stehen.

Dank der Bibel wird die Sklaverei abgeschafft

Die Bibel-Verächter bestreiten das vehement. Sie sagen, die Sklaverei würde sowohl in der hebräischen Bibel als auch im Neuen Testament zum normalen Funktionieren der damaligen Wirtschaft gehören. Paulus schreibt im Epheserbrief: *Ihr Sklaven, seid euren leiblichen Herren gehorsam mit Furcht und Zittern, in Aufrichtigkeit eures Herzens.* (Eph. 6,5) Das ist in der Tat kein Sklavenbefreiungssatz. Trotzdem beginnt die Befreiung der Sklaven keimhaft bereits im Alten Testament. Zwar hatten auch die Juden selber Sklaven, doch ihre Befreiung aus Ägypten wirkte nach: Ein hebräischer Sklave musste nach sechs Dienstjahren im Sabbatjahr freigelassen und reich beschenkt werden (5. Mose 15,12ff.). Im Neuen Testament kündigt sich die Aufhebung der Sklaverei durch die Brüderlichkeit an. In den paulinischen Gemeinden sind Sklaven und Herren Brüder und Schwestern. *Denn ihr seid alle Söhne Gottes. ... Da ist nicht Jude noch Grieche, da ist nicht Sklave noch Freier, da ist nicht Mann und Frau; denn ihr seid alle einer in Christus Jesus.* (Gal. 3,26ff.)

In der römischen Gefangenschaft begegnet Paulus dem entsprungenen Sklaven Onesimus. Übersetzt heisst der Name Onesimus schlicht: Nützel; er ist nützlich. Onesimus war für Paulus in der Tat nützlich: Der entlaufene Sklave machte ihm den Gefängnisaufenthalt erträglich. Paulus schickte ihn zu seinem Herrn Philemon zurück. Philemon hätte ihn streng bestrafen können, sogar mit dem Tod, doch Paulus bat ihn, den Sklaven als Bruder aufzunehmen. Onesimus wurde später Bischof. Ein Sklave, der Bischof wird, das ist wahrhaftig der Anfang vom Ende der Sklaverei.

Vor der Aufhebung der Sklaverei gab es bibelgläubige Christen, die versuchten, die Abschaffung der Sklaverei zu verhindern, indem sie sich auf die Bibel beriefen, doch keimartig war die Aufhebung der Sklaverei in der Heiligen Schrift angelegt und suchte den Weg zum Durchbruch.

Das wohl bekannteste Kirchenlied, *Amazing Grace,* ist ein Zeugnis der Abschaffung der Sklaverei. Der Verfasser des Liedes, John Newton, war als Schiffskapitän im Sklavenhandel tätig. In einem Sturm, bei dem die Besatzung kaum mehr damit rechnete, mit dem Leben davonzukommen, bekehrte sich der Kapitän zu einem lebendigen Glauben und wusste, dass er im Fall des Überlebens den Sklavenhandel bekämpfen würde. Nach dem Sturm schrieb er das berühmte Lied. In einer Strophe heisst es: *I was blind, but now I see* – blind der Sklaverei gegenüber, doch bei seiner Bekehrung gingen ihm die Augen auf. Zurück in England studierte Newton Theologie und wurde anglikanischer Priester an der Kirche St. Mary Woolnoth in London. Die Geschichte ist mir sehr vertraut, weil die Schweizer Kirche London in der St. Mary Woolnoth Gastrecht hatte. Ich habe ab 1963 jahrelang Sonntag für Sonntag in dieser Kirche gepredigt. In der Krypta fanden zur Zeit John Newtons die Zusammenkünfte mit dem Parlamentarier William Wilberforce statt. Mit vereinten Kräften gelang es dem Priester und dem Parlamentarier, die Sklaverei durch das englische Parlament verbieten zu lassen.

Auch hier kam zum Tragen: *Ihr habt gehört, dass zu den Alten gesagt wurde: ihr Sklaven seid euren Herren Untertan mit Furcht und Zittern, ich aber sage euch: Keiner ist des andern Sklave, sondern ihr seid Brüder und Schwestern.*

Die Emanzipation der Frauen

Wie bei der Sklavenbefreiung können wir auch bei der Emanzipation der Frauen aus Galater 3 zitieren: *Da ist nicht Jude noch Grieche, da ist nicht Sklave noch Freier, da ist nicht Mann noch Frau; denn ihr seid alle einer in Christus Jesus.*

Die Mehrheit der theologischen Forscher ist sich darin einig, dass Jesus den Frauen gegenüber eine völlig andere Haltung einnahm als seine jüdischen und römischen Zeitgenossen. Doch die Zeit für die Emanzipation der Frauen war noch nicht gekommen. Was Jesus mit den Frauen angefangen hatte, wurde in der späteren christlichen Tradition unterdrückt. Nicht alle Spuren konnten jedoch ausgelöscht werden. In der frühen Kirche wurde Maria Magdalena als *die Apostelgleiche* verehrt. Das ist ein Hinweis darauf, dass sie tatsächlich als Apostelin anerkannt war. In Römer 16,7 taucht ein Apostel Junias auf. Junias ist aber ein Name, den es als Männername gar nicht gibt; bekannt ist nur der Frauenname Junia. Mit dem S am Ende hat man eine Apostelin kurzerhand zu einem Apostel umfunktioniert.

Paulus war nie der Frauenunterdrücker, als der er gerne dargestellt wird. Das Ehepaar Aquila und Priscilla war ein Gemeindeleiterehepaar, Apollos ein sehr bekannter und beliebter christlicher Redner. Apollos predigte überall voller Feuer, doch oft unfundiert. Das Ehepaar – es wird ausdrücklich auch der Name der Frau erwähnt – nahm ihn zur Seite und brachte ihm liebevoll einiges bei, das er noch nicht gewusst hatte. Da war also eine Frau, die es besser wusste als ein männlicher anerkannter Redner. Aber freilich gab es auch Frauen, die es nicht so gut machten wie Priscilla und noch kaum unterrichtet waren. Im Blick auf diese Frauen schrieb Paulus den in unseren Augen schrecklichen Satz: *Wie in allen Gemeinden der Heiligen sollen die Frauen in den Gemeindeversammlungen schweigen. ... Wollen sie aber etwas lernen, so sollen sie zu Hause ihre Männer fragen.* (1. Kor. 14,34ff.)

Heute leben wir weitgehend in der genau umgekehrten Situation. Frauen wissen oft sehr gut Bescheid über den christlichen Glauben, wohingegen ihre Männer die reinsten Glaubensanalphabeten sind. Wie froh können sie sein, zu Hause ihre Frauen fragen zu können.

Ich bin ein ökumenisch aufgeschlossener Mann, doch über die offizielle vatikanische Begründung, warum Frauen nicht zum Priesteramt zuzulassen sind, kann ich nur den Kopf schütteln: Der Vatikan sagt, Jesus habe nur Männer zu Aposteln berufen. Mit einer ähnlichen Begründung könnte man genauso gut nur Frauen ins Priesteramt aufnehmen, denn es waren die Frauen, die als erste an die Auferstehung Christi glaubten, während die Männer die Auferstehung anfänglich noch als Weibermärchen abtaten. (Lk. 24,11)

Ob die Bibel-Verächter an diesem Punkt immer noch zu meinen Leserinnen und Leser gehören? Oder haben sie mein Buch bereits weggelegt?

Nach der neutestamentlichen Zeit wurde die Befreiung der Frauen, die mit Jesus angefangen hatte, zwar wieder rückgängig gemacht, aber nicht so stark, wie es die Bibel-Verächter gerne hätten. Es ist ja wohl kein Zufall, dass die Emanzipation der Frauen in denjenigen Ländern stattgefunden hat, die vom Evangelium geprägt waren.

Bibel und Homosexualität

Ich kenne persönlich keinen einzigen bibelgläubigen Menschen, der unter Berufung auf Paulus die Wiederherstellung der Sklaverei herbeiwünschen würde. Und ich kenne nur ganz wenige bibelgläubige Menschen, die sich weigern, in einen Gottesdienst zu gehen, der von einer Pfarrerin geleitet wird. Anders verhält es sich bei der Frage der Homosexualität. Hier prallen die Gegensätze noch stark aufeinander. Evangelische und anglikanische Kirchenleitungen in Europa empfehlen die Segnung des Lebensbundes von gleichgeschlechtlich Liebenden und lassen gleichgeschlechtlich verpartnerte Männer und Frauen als Pfarrer und Pfarrerinnen zu. Sie sagen auch Ja zur Ehe für alle. Doch der Kampf ist noch nicht ausgefochten. Ich habe einen anglikanischen Priesterfreund, der wegen der Zulassung gleichgeschlechtlich liebender Priester und Priesterinnen aus der anglikanischen Kirche ausgetreten und orthodoxer Priester geworden ist; andere ehemals anglikanische Priester sind katholische Priester geworden. Wir müssen – wenn auch mit Bedauern – zur Kenntnis nehmen, dass viele evangelische und episkopale (anglikanische) Kirchenleitungen in den Vereinigten Staaten noch nicht so weit sind wie in Europa. Noch weniger akzeptiert ist gleichgeschlechtliche Partnerschaft in den Kirchenleitungen in der Dritten Welt. Das bedeutet, dass die europäischen Kirchenleitungen sich im Blick auf die gesamte Christenheit in der Minderheit befinden. Zudem denkt in Europa die Basis nicht immer so wie die Kirchenleitung.

In der katholischen Kirche und in den meisten Freikirchen ist treue gleichgeschlechtliche Partnerschaft nach wie vor Sünde. Ich bin zwar mit freikirchlichen Predigern im Gespräch, die mir hinter vorgehaltener Hand versichern, dass sie nicht so denken würden, das jedoch in ihrer Gemeinde nicht aussprechen dürften, weil sie sonst den Brotkorb verlieren würden. Ich kenne persönlich in der Schweiz zwei Prediger und einen katholischen Priester, die schwul sind. Ich musste ihnen versprechen, ihre Namen nie zu erwähnen.

Doch auch in katholischen und freikirchlichen Kreisen ist manches in Bewegung. In Dänemark gibt es in der Heilsarmee ganz offiziell homosexuelle Offiziere und Offizierinnen. Steven Chalke, einer der bekanntesten Theologen der baptistischen Kirche in England, ermutigt die Pastoren seiner Kirche, Segnungsfeiern für gleichgeschlechtlich liebende Paare durchzuführen.

Zu den Auseinandersetzungen gehört zum Glück auch der Humor, manchmal sogar der unfreiwillige. Ich erinnere mich an eine zweisprachige schweizerische Pfarrerinnen- und Pfarrerversammlung, wo die Dokumente studiert wurden, aus denen – jedenfalls im deutschen Text – klar hervorging, dass die kirchliche Behörde Bern/Jura/Solothurn die Segnung von Konkubinatspaaren sowie gleichgeschlechtlich Liebenden befürwortet. Im frankophonen Sprachraum befürchtete man offenbar Opposition und übersetzte den deutschen Text mit äusserster Vorsicht. Ein französischsprachiger Pfarrer löste eine Lachsalve aus, als er den Deutschsprachigen vorlas, dass unsere Kirche die Segnung von Konkubinatspaaren sowie von *autres êtres vivants* erlaube.

Das Gespräch zwischen den verschiedenen Theologien und Bibelinterpretationen darf nicht abbrechen; es muss weitergehen – freundlich, humorvoll und sachlich.

Bibel-Gläubige weisen darauf hin, dass Paulus, vor allem aber das Alte Testament, die Homosexualität klar als Sünde bezeichnet. Es ist ihre Überzeugung, dass Homosexualität gegen die Natur sei und der Heilung bedürfe. *Irret euch nicht! Weder Unzüchtige noch Götzendiener, noch Ehebrecher, noch Lustknaben, noch Trunkenbolde, noch Lästerer, noch Räuber werden das Reich Gottes ererben. Und das sind euer etliche gewesen.* (1. Kor. 6,10-11)

Gewesen – jetzt sind sie es nicht mehr. Sie sind geheilt worden. Diese Korinthstelle ist der Ausgangspunkt für christliche Homosexuellen-Heilungsseminare. Ich habe mit einem – übrigens eindrücklichen – sogenannten Ex-Schwulen, der solche Seminare leitet, gesprochen. Ich habe ihn gefragt, wer für ihn als «Geheilter» eine sexuelle Verführung werden könnte, ob Mann oder Frau. Und er antwortete ehrlich mit «Mann», aber fügte sofort hinzu: «Seit meiner 'Heilung' lasse ich mich nicht mehr verführen.» Doch seine Natur war nach wie vor homosexuell.

Zur Zeit der hebräischen Bibel und zur Zeit des Paulus gab es noch nicht die heutige medizinische Forschung und Psychologie, die beweist, dass es durchaus eine homosexuelle Natur gibt und somit die Homosexuellen in keiner Weise gegen ihre Natur verstossen.

Homosexuelle Natur gibt es auch in der Tierwelt. In der Storchenkolonie Altreu führte mich der Storchenpfleger zu einem Nest, das zwei Storchenmänner gebaut hatten. Der Storchenpfleger hatte den beiden zwei Storcheneier untergelegt, die diese hingebungsvoll ausbrüteten und denen sie zärtliche Storcheneltern wurden.

In unserer Zeit würde der Apostel Paulus anders über Homosexualität lehren.

Wer eine solche Gesinnungsänderung bei einem heutigen Paulus nicht sehen kann und der Meinung ist, dass das, was die Bibel einmal gesagt hat, für Zeit und Ewigkeit so zu bleiben hat, den dürfen wir bitten, konsequent zu sein und alle archaischen Bibelgebote wörtlich zu nehmen, nicht nur die Verse, in denen steht, dass ein Mann, der bei einem andern Mann liegt wie bei einer Frau, für Gott ein Gräuel ist und mit dem Tod bestraft werden muss (3. Mose 20,12). Wenn sich die Biblizisten an das Gebot in 3. Mose 19,27 halten, werden die strenggläubigen jüdisch-orthodoxen Männer nicht mehr die einzigen sein, die mit Schläfenhaarzöpfen durch die Welt gehen, dann müssen wir alle so aussehen. Das ist ein biblisches Gebot. Fundamentalistische Bauern werden darauf verzichten müssen, zweierlei Samen auf dasselbe Feld zu streuen (3. Mose 19,19). Es ist auch streng darauf zu achten, dass die Bibel-Gläubigen nicht Kleider tragen, die aus verschiedenen Materialien bestehen wie z. B. Leinen und Wolle. Entweder das eine oder das andere, aber jedenfalls nicht beides (3. Mose 19,19). Frauen, die Hosen tragen, sollten lieber nicht bibelgläubig sein, es könnte ihnen schlecht ergehen (5. Mose 22,5). Wehe der Ehefrau, die ihrem Mann, der von einem anderen Mann angegriffen wird, zu Hilfe eilt und dem Angreifer die Faust an seine empfindliche Stelle schlägt: *Du sollst ihr die Hand abhacken und kein Erbarmen zeigen.* (5. Mose 25,11-12) Und Männer: Vorsicht, wenn eure Frau eines Tages besonders Lust auf euch hat, was kurz vor der Menstruation der Fall sein könnte: Wenn während des Liebesakts die Menstruation ausbrechen sollte, müssen beide umgebracht werden (3. Mose 20,18).

Von einem Sklaven oder einer Sklavin gepflegt zu werden ist sicher besser, als wenn das in Zukunft ein Roboter tun wird. Wenn nun Sklaven oder Sklavinnen aus Frankreich, Deutschland, Österreich, Italien oder Liechtenstein diesen Dienst tun, ist das in Ordnung – doch ja nicht etwa Sklaven oder Sklavinnen aus Russland oder den Vereinigten Staaten, nicht einmal aus Polen oder Ungarn; nur Sklaven aus den unmittelbaren Nachbarländern (3. Mose 25,44). Nach 2. Mose 35,2 ist jede Arbeit am Sabbat verboten. Dieses Gebot bedeutete für einen Mann, der am Sabbat im Freien eine Wurst bräteln wollte, den Tod. *Zur Zeit, da die Israeliten in der Wüste waren, traf man einen Mann, der am Sabbat Holz sammelte. ... Sie legten ihn in Gewahrsam, da noch nicht entschieden war, was mit ihm geschehen sollte. Der Herr aber sprach zu Mose: Der Mann muss getötet werden; die ganze Gemeinde soll ihn ausserhalb des Lagers steinigen. Da führte ihn die ganze Gemeinde vor das Lager hinaus und steinigte ihn zu Tode, wie der Herr dem Mose geboten hatte.* (4. Mose 15,32)

Ich kann aufgrund dieser Bibelstellen nicht verstehen, warum Homosexualität die grössere Sünde sein sollte als das Wurst-Bräteln am Sonntag im Wald.

Ich glaube, Gott hat nichts dagegen, wenn wir über diese für uns absurden Gebote, die in grauer Vorzeit vielleicht sogar einen Sinn hatten, schmunzeln. Gott hat Humor.

Die Bibel selber ist bei diesen urtümlichen Stellen nicht stehengeblieben, sie hat sich dauernd weiterentwickelt. Und das sollte sie doch heute immer noch tun, auch wenn nicht mehr an ihr weitergeschrieben wird.

Die biblischen Urgeschichten

Die Schöpfungsgeschichte, Adam und Eva, die Sintflut, der Turmbau zu Babel

Adam und Eva sind keine historischen Persönlichkeiten; die biblischen Urgeschichten sind Mythen. Mythen sind allerdings nicht dasselbe wie Märchen, denn Märchen erheben nicht den Anspruch, eine Wahrheit zu verkünden. Man kann Märchen zwar psychologisch deuten, sie mögen auch erzieherischen Wert haben, aber sie haben keinerlei symbolische Bedeutung. Mythen dagegen verkünden eine Wahrheit, die so hoch und so tief und so umfassend ist, dass sie mit der Ratio nicht ausgedrückt werden kann. Mythen wollen Sinn und Orientierung geben. In den Mythen geht es um Schöpfung, Leben und Tod, Liebe und Hass, Mann und Frau, Mensch und Götter. Der Mythos ist die Sprache der Religion. Für C. G. Jung sind Mythen der Spiegel des kollektiven Unbewussten. Ähnlich wie Jung sehen es der Anthropologe und Evolutionsbiologe Carel van Schaik, geboren 1953, und der Historiker und Literaturwissenschafter Kai Michel, geboren 1967, in ihrem gemeinsamen lesenswerten Buch *Das Tagebuch der Menschheit. Was die Bibel über unsere Evolution verrät.* Carel van Schaik und Kai Michel, beide in Zürich tätig, nennen sich nicht Christen, sondern Agnostiker, aber sie sind von der Bibel total fasziniert.

Wenn Bibel-Verächter vernehmen, dass es Agnostiker gibt, die von der Heiligen Schrift fasziniert sind, gibt ihnen das zu denken. Bibel-Freunde freut's. Den Biblizisten dagegen machen Mythen Angst; am liebsten möchten sie das Buch weglegen. Bibel-Neueinsteiger wiederum warten auf die Fortsetzung.

Mythen sind nicht von einem bestimmten Menschen geschaffen worden; sie sind aus dem kollektiven Unbewussten gleichsam herausgewachsen. Die alttestamentlichen Sagen waren ursprünglich orientalische polytheistische Mythen, entstanden in einer Zeit, als die Menschen weder lesen noch schreiben konnten und auch noch nicht zur Landwirtschaft übergegangen waren. Sie lebten als Sammler und Jäger. Die Forscher sagen, dass der Homo Sapiens aus Afrika stammt, vermutlich aus den warmen Regenwäldern, wo man keine Kleider zu tragen brauchte, ein Paradies, in dem den Menschen die Früchte geradezu in den Mund hingen. Gefährliche Tiere waren selten, mit Ausnahme der Gefahr durch Schlangen – die Paradiesgeschichte mit der Verführung durch die Schlange lässt grüssen. Der US-amerikanische Evolutionsbiologe Jared Diamond nennt den Übergang zur Landwirtschaft den grössten Fehler der Menschheit. Das ist für einmal eine andere, vielleicht heute brauchbarere Interpretation des Sündenfalls von Adam und Eva.

O weh, jetzt ist gerade eine bibelgläubige Leserin aus unserem Kreis ausgestiegen. Diese Auslegung hat sie nicht ertragen, für sie ist mit dem Sündenfall der Tod über uns gekommen. Dafür gibt sich ein Bibel-Neueinsteiger überrascht. Selbst ein Bibel-Verächter kann mit der neuen Interpretation etwas anfangen, und vielleicht ist soeben ein Bibel-Gelangweilter erwacht und liest weiter, wenn auch gähnend. Ihn interessiert schliesslich weder, dass der Tod der Sünde Sold ist, noch die Tatsache, dass seine Vorfahren von einem Leben als Sammler und Jäger zur Landwirtschaft übergegangen sind.

Vor dem Landwirtschaftssündenfall gab es keinen Privatbesitz. Alles wurde mit allen geteilt. Man konnte weder stehlen noch einen anderen Menschen wegen seines Besitzes umbringen. Alles gehörte allen. Niemand musste sich auf einem Acker abrackern. Nach dem Sündenfall fing die Arbeitsplage an. *Mit Mühsal sollst du dich vom Acker nähren dein Leben lang. Dornen und Disteln soll er dir tragen. Das Kraut des Feldes sollst du essen, und im Schweisse deines Angesichts sollst du dein Brot essen, bis du wieder zur Erde kehrst, von der du genommen bist; denn Erde bist du, und zur Erde musst du wieder zurück.* (1. Mose 3,17ff.)

Nach dem Landwirtschaftssündenfall, nach dem Verlassen des afrikanischen Regenwaldparadieses, gab es auf einmal Jahreszeiten, Hitze und Kälte. Man konnte nicht mehr nackt herumlaufen. *Gott der Herr machte dem Menschen und seinem Weibe Röcke von Fell und legte sie ihnen um.* (1. Mose 3, 21)

Die paradiesischen und nachparadiesischen Menschen lebten geistig auf der magischen Stufe der kulturellen Entwicklung. Jede Pflanze, jedes Tier, jeder Stein war von einem Geist belebt. Sonne, Mond und Sterne waren mächtige Götter. Im Regenwald waren die Götter noch liebevoll gewesen; sie waren im Paradies herumspaziert und hatten mit den Menschen gesprochen. Ausserhalb des Paradieses waren sie gefährlich. Man musste mit Riten und Opfern um ihre Gunst ringen. Wenn man das tat, konnte der Sonnengott in Verbindung mit dem Regen Leben spenden. Es gab aber auch Götter, die mit Blitz und Donner ihre Wut ausdrückten oder durch Vulkanausbrüche und Tsunamis alles zerstörten.

Es war eine geistige Leistung der Ältesten und Priester der Hebräer, die Natur und die Naturereignisse entzaubert zu haben. Der mächtige Sonnengott und der mächtige Mondgott und die Sterngötter wurden in der hebräischen Bibel von dem alleinigen Gott wie Lichtlein an den Himmel gesetzt. *Und Gott sprach: Es sollen Lichter werden an der Feste des Himmels, Tag und Nacht zu scheiden und sie sollen als Zeichen dienen und zur Bestimmung von Zeiten, Tagen und Jahren, und sie seinen Lichter an der Feste des Himmels, dass sie auf die Erde leuchten.* (1. Mose 1,14-15)

Nachdem der Homo Sapiens das afrikanische Regenwaldparadies verlassen hatte, breitete er sich aus. Ausserhalb des Regenwaldes gelangten die Menschen bald einmal ans Meer oder in die Wüste. Die neuen Lebensbedingungen wurden in die Erzählung von dem wunderbaren Paradies aufgenommen, als alles noch viel besser war. So entstanden verschiedene Schöpfungsgeschichten. Zwei davon sind in der Bibel zu finden. Die Ältesten und Priester der Hebräer erzählten am Lagerfeuer ihrer noch weitgehend polytheistischen Zuhörerschaft die Schöpfungsgeschichten monotheistisch. Dass sich die Hebräer nicht leicht vom Monotheismus überzeugen liessen, geht aus weiten Teilen der hebräischen Bibel hervor. Jahwe war ein Nomadengott, der bei der Landnahme den landwirtschaftlichen Göttern Baal, Astarte und Aschera angepasst werden musste. Das war mit grossen Auseinandersetzungen verbunden. Immer wieder liebäugelten die Hebräer mit den Fruchtbarkeitsgöttern und -göttinnen. Diese Götter verlangten Opfer, auch Menschenopfer. Es gab aber auch angenehme Fruchtbarkeitsriten. In den polytheistischen Heiligtümern warteten schöne geweihte Frauen und Männer, die sogenannten Qedeschim (vom hebräischen Qadosch, heilig, geweiht) auf die männlichen Zelebranten, um sich mit ihnen sexuell zu verbinden, was Segen über das Land bringen sollte. Das erklärt einiges über die uns grotesk anmutenden bereits erwähnten Gesetze im Pentateuch (die fünf Bücher Mose). *Wenn zwei Männer miteinander liegen wie bei einer Frau, ist das To'eva, ein Gräuel.* (3. Mose 20,13) *To'eva* ist der Fachausdruck für Abscheu dem Götzendienst gegenüber. In den Königsbüchern erregen Könige, die den kanaanitischen Brauch der *geweihten Männer* einführen, den Zorn Gottes (1. Kön. 14,24). Selbst Paulus bringt die Homosexualität immer noch mit dem Götzendienst in Verbindung (Röm. 1,22ff.).

Die zwei alttestamentlichen Schöpfungsgeschichten dienen der Festigung des Monotheismus. Wer wie heutige Bibel-Gläubige die Erzählungen wörtlich nehmen will, muss sie im Grunde genommen als Widersprüche empfinden. Gott hat es entweder gemacht wie in 1. Mose 1, oder er hat es gemacht wie in 1. Mose 2. Oder gab es bereits in der ersten Schöpfungsgeschichte einen Sündenfall, sodass Gott noch einmal von vorn anfangen musste? Im ersten Bericht wird der Name der Frau Adams nicht erwähnt, im zweiten Bericht heisst sie Eva. Hatte Adam zwei Frauen? War er mit der ersten nicht zufrieden? Im Talmud wird berichtet, dass Gott eine Frau namens Lilith an Adams Seite gestellt habe. Lilith geistert bis auf den heutigen Tag in den Köpfen herum. Sie gilt als die Frau, die sich im Gegensatz zu Eva ihrem Mann nicht unterwarf. Feministinnen haben Lilith-Buchhandlungen und Lilith-Cafés gegründet.

Für mich sind die beiden Schöpfungsberichte kein Widerspruch. Ich sehe neben Eva keine andere Frau. Die Zuhörer am Lagerfeuer haben sich einfach gefreut, dass die Geschichte mal so, mal anders erzählt werden konnte. Kapitel 1 ist die Erzählung von Menschen am Meer, die als Fischer arbeiteten und die Gefahren des Meeres kannten. Wenn Gott eine gute Welt schaffen wollte, musste er zuerst das viele gefährliche Wasser in Schranken weisen.

Im Anfang schuf Gott den Himmel und die Erde. Die Erde war aber wüst und öde (hebräisch: Tohuwabohu), und Finsternis lag auf der Urflut und der Geist Gottes schwebte über den Wassern.
Und Gott sprach: es werde eine Feste inmitten der Wasser, und sie scheide die Wasser voneinander! Und es geschah also. Gott machte die Feste und schied die Wasser unter der Feste von den Wassern über der Feste. Und Gott nannte die Feste Himmel. Ein zweiter Tag.
Und Gott sprach: das Wasser unter dem Himmel sammle sich an einen Ort, dass das Trockene sichtbar werde. Und es geschah also. Und Gott nannte das Trockene Land, und die Ansammlung des Wassers nannte er Meer. Und Gott sah, dass es gut war.

Die Zuhörer am Lagerfeuer waren wie Kinder. Als das gefährliche Wasser in der Erzählung gebändigt wurde, jauchzten sie vor Freude und verlangten begierig nach der zweiten Schöpfungsgeschichte. Sie wollten noch nicht schlafen gehen. Bitte noch eine Geschichte!

Kapitel 2 ist die Erzählung von Menschen in der Wüste. Für sie ist der unschöpferische Urzustand die Wasserlosigkeit. Wenn Gott eine gute Welt schaffen will, muss er zuerst die Erde mit Wasser tränken.

Zur Zeit, da Gott Himmel und Erde machte – noch gab es aber kein Gesträuch des Feldes auf Erde und noch wuchs kein Kraut auf dem Felde; denn Gott, der

Herr, hatte noch nicht regnen lassen auf die Erde, und es war kein Mensch da, den Boden zu bebauen; ein Wasserschwall aber brach hervor aus der Erde und tränkte alles Land.

Wiederum jauchzten die Zuhörer und wollten nicht schlafen gehen. Die Mythen waren ihre Glaubens- und Erfahrungswelt.

1500 Jahre später, im Neuen Testament, lebten die Menschen, die zum Glauben an Christus gekommen waren, noch einmal in einer anderen Welt – nicht einfach in einer hebräischen, sondern in einer griechisch-philosophischen. Der Evangelist Johannes bietet den dritten Schöpfungsbericht. Er schreibt:

Im Anfang war das Wort, und das Wort war bei Gott und das Wort war Gott. Alle Dinge sind durch dasselbe geworden, und ohne das Wort ist auch nicht eines geworden, das geworden ist. (…) Und das Wort ward Fleisch und wohnte unter uns, und wir schauten seine Herrlichkeit, eine Herrlichkeit, wie sie der Sohn von seinem Vater hat. (Joh. 1,1-14)

In diesem dritten, dem johanneischen Schöpfungsbericht ist im Keim die Dreieinigkeit Gottes enthalten. Der dreieinige Gott als Schöpfer.

Heute leben wir noch einmal in einer völlig anderen geistigen Welt. Man kann recht eigentlich von einem vierten Schöpfungs-bericht sprechen: die Schöpfung als Urknall. Die Urknalltheorie hat in der klassischen Physik von Gott weggeführt, in der moder-nen Quantenphysik, die sagt, dass Materie geronnener Geist ist (Quantenphysiker Hans-Peter Dürr), öffnet sich nun wieder ein Tor zum Glauben.

Offenbar wird man Gott nicht los.

Dass man Gott nicht los wird, gefällt den Bibel-Verächtern nicht. «Warum lässt sich dieser Gotteswahn nicht ausrotten?», fragen sie bestürzt.

Mein Buch will ein Gespräch sein. Und so frage ich meine die Bibel verachtenden Gesprächspartner: «Könnte nicht die Frage, warum der Gottesglaube nicht einfach verschwindet, bedeuten, dass man selber gefragt wird? In der Schöpfungsgeschichte verstecken sich Adam und Eva nach dem Griff nach der verbotenen Frucht. Gott kommt und ruft: 'Adam, wo bist du? Mensch, wo bist du?' Oder der Mythos als Ruf in die heutige Zeit: 'Mensch, hast du dich in deiner Rationalität verrannt?'»

Im Paradiesmythos gibt es echte Sprachperlen. Die Versuchung von Adam und Eva, vom Baum der Erkenntnis zu essen, war der Wunsch, allwissend zu werden wie Gott.

Da sprach die Schlange zu der Frau: Wenn ihr davon esst, werdet ihr nicht sterben, sondern Gott weiss, dass, sobald ihr davon esset, euch die Augen aufgehen werden und ihr wie Gott sein werdet. (1. Mose 3,4f.)

Die Menschen wollten allwissend sein wie Gott. Allwissend heisst auf Hebräisch: A'rum. Und nackt heisst: A'rom. Das ist ein wunderbares Wortspiel: Wer sein will wie Gott, A'rum, wird letzten Endes im A'rom enden, im nackten Nichts.

Gebrauchen Sie bitte Ihre Fantasie und stellen Sie sich die kindlichen Menschen am Lagerfeuer vor, wie sie bei A'rum und A'rom in schallendes Gelächter ausbrechen.

Selber müssen wir vielleicht überhaupt nicht lachen, sondern sind vielmehr zutiefst betroffen. Selber Gott spielen wollen und dann im Nichts enden – dieser Mythos ist seltsam wahr!

Sind Sie neugierig geworden? Dann lesen Sie weiter.

Die schriftliche Fixierung heiliger Texte

Bei der mündlichen Überlieferung des Schöpfungs- und Paradiesmythos, der Geschichte von Kain und Abel, derjenigen der Sintflut und auch derjenigen des Turmbaus zu Babel stossen wir auf Erzählungen aus der Zeit vor und während des Übergangs zur kulturellen Stufe der Landwirtschaft.

Bereits Kain und Abel kennen Ackerbau und Viehzucht. Ich erinnere mich aus der Sonntagschule, dass der «böse Kain» ein schäbiges Opfer dargebracht haben soll; darum stieg sein Räuchlein nicht in dem Himmel. Der «liebe Abel» dagegen hatte Gott sein Opfer von ganzem Herzen dargebracht. Von solcher Sonntagschulauslegung steht freilich nichts in der Bibel. Kains Opfer war schlicht und einfach das Opfer des Ackerbauern, das Opfer des Abel das Opfer des Schafhirten. Es geht bei Kain und Abel trotz Opfer um die Distanz zu Gott. Die Menschen haben nicht mehr die herzliche Beziehung zu Gott wie im Paradies. Sie sind fern von Gott. Bereits ereignet sich ein Brudermord. Zu der Geschichte von Kain und Abel passt gut ein Gedankenblitz von Saint-Exupéry:

> *Wenn Menschen gottlos werden, dann sind die Regierungen ratlos, Lügen grenzenlos, Schulden zahllos, Besprechungen ergebnislos; dann ist die Aufklärung hirnlos, sind Politiker charakterlos, Christen gebetslos, Kirchen kraftlos, Völker friedlos, Sitten zügellos, Mode schamlos, Verbrechen masslos, Konferenzen endlos, Aussichten trostlos.*

Die Menschen, fern vom Paradies, sind für die Schöpfung so gefährlich geworden, dass eine Klimakatastrophe eintritt: die Sintflut. Der Sintflutmythos enthält die Erinnerung an eine sehr grosse Flut. Es gibt bibelgläubige Forscher, die im türkischen Gebirge Ararat auf türkischem Boden an der Grenze zu Armenien, wo nach 1. Mose 8,4 die Arche landete, nach den Überresten von Noahs Schiff suchen und auch überzeugt sind, diese gefunden zu haben. Obwohl die Fahrt der Arche für mich kein historisches Ereignis ist, habe ich von Armenien aus den wunderbaren Berg Ararat mit seiner Eiskuppe mit geradezu heiliger Ergriffenheit betrachtet. Und als ich ihn auf einem Flug nach Pakistan wieder sah und den Passagieren mitteilte, was das für ein Berg sei, drehten sich alle nach den Fenstern und liessen sich gerne die Geschichte von Noah und der Arche erzählen. Es entstanden Gespräche, in denen die Fluggäste sich nicht scheuten, religiöse Redewendungen zu gebrauchen. Sogar der Flugkapitän machte davon Gebrauch. Nach einigen Stunden meldete er, dass wir in zwanzig Minuten in Islamabad landen würden – Inschallah, sofern das der Wille Gottes sei.

Mythen haben eine ungeheure Kraft – selbst Orte, um die sich die Mythen ranken. Es gibt Touristen, die in die Schweiz kommen, eigens um auf den Pilatus hinaufzufahren, denn dort liegt nach einer Legende der Leichnam des Pontius Pilatus in einem Bergsee (vgl. meinen Roman *Die letzten Stunden des Statthalters von Helvetien*).

Nach der Flutkatastrophe führte der Neubeginn mit den Menschen nicht zurück zur Stufe der Sammler und Jäger. Die Menschen blieben Landwirte; Noah wurde Weinbauer.

> *Noah aber, der Landmann, war der erste, der Weinreben pflanzte.* (1. Mose 9,20)

Aus der Landwirtschaft entwickelt sich die Städtekultur, von der die Geschichte vom Turmbau zu Babel erzählt. Die Menschen wollen immer noch nicht begreifen, dass sie mit Gott und nicht gegen Gott leben sollten. Sie wollen immer noch selber Gott sein und schicken sich an, einen Turm zu bauen, der bis zum Himmel hinauf reichen soll. Und so muss Gott abermals einen neuen Weg beschreiten. Wenn es mit der ganzen Menschheit noch nicht geht, muss er es zunächst mit einem einzelnen Volk versuchen: dem auserwählten kleinen Volk. Davon zeugen die Geschichten mit den Erzvätern Abraham, Isaak und Jakob, die Versklavung in Ägypten, die Einwanderung in das gelobte Land. Es gibt aber immer wieder prophetische Stimmen, die darauf aufmerksam machen, dass diese Erwählung nicht Selbstzweck ist. Von diesem Volk aus soll die Veränderung zur Reich-Gottes-Tauglichkeit auf alle Völker übergehen. Das ist der Sinn der Erwählung dieses Volkes. Schon im Bund mit Abraham heisst es:

In deinem Namen werden sich Segen wünschen alle Geschlechter der Erde. (1. Mose 12,3)

Und bei den Propheten Jesaja und Micha stehen Zusage und Aufforderung:

Und es wird geschehen in den letzten Tagen, da wird der Berg mit dem Hause des Herrn festgegründet stehen an der Spitze der Berge und die Hügel überragen; und Völker werden zu ihm hinströmen, und viele Nationen werden sich aufmachen und sprechen: «Kommt, lasset uns hinaufziehen zum Berge des Herrn, zu dem Hause des Gottes Jakobs, dass er uns seine Wege lehre und wir wandeln auf seinen Pfaden; denn von Zion wird Weisung ausgehen und das Wort des Herrn von Jerusalem. ... Und sie werden ihre Schwerter zu Pflugscharen schmieden und ihre Spiesse zu Rebmessern. Kein Volk wird wider das andere das Schwert erheben und sie werden den Krieg nicht mehr lernen.
(Jes. 2,1ff.; Mi. 4,1ff.)

Diese Zusagen Gottes werden heute in aller Welt gelesen, gehört, gesungen und ersehnt. Man kann sie auf Deutsch, Französisch, Englisch, Spanisch, Portugiesisch, Chinesisch, Japanisch, Arabisch, Türkisch, Kurdisch, auf Zulu – in sämtlichen Sprachen – hören und singen. Doch bevor diese Worte in aller Welt gelesen werden konnten, mussten sie niedergeschrieben und in all diese Sprachen übersetzt werden. Die Erfindung der Schrift ist eine weitere faszinierende Geschichte für die Entwicklung der Bibel.

Die Erfindung der Schrift

Das phönizisch-aramäische Alphabet ist die Mutter vieler Alphabete. Das phönizische Alphabet hat das hebräische, das arabische und das griechische Alphabet geprägt, das griechische wiederum das lateinische und das kyrillische. Chinesen haben tausende von Schriftzeichen, Europäer, Araber und Hebräer nur zwischen zweiundzwanzig und fünfundzwanzig Buchstaben. Die Phönizier waren ein Volk von Seefahrern auf dem heutigen Gebiet von Syrien und Libanon. Durch ihren Handel im Mittelmeerraum fand ihr Alphabet grosse Verbreitung.

Das phönizische Alphabet:	Aleph	Beth	Gimel	Daleth	He
Das hebräische Alphabet:	Aleph	Beth	Gimel	Daleth	He
Das griechische Alphabet:	Alpha	Beta	Gamma	Delta	Epsilon
Das lateinische Alphabet:	A	B	C (G)	D	E

Das phönizische und das hebräische Alphabet schreiben sich von rechts nach links; es werden keine Vokale geschrieben. Das bereits erwähnte Wortspiel, allwissend und nackt, A'rum und A'rom, schreibt sich in beiden Fällen עירום

Voralphabetisch malten die Phönizier erkennbare Pflanzen, Tiere und Gegenstände.

Aleph war ein Rind: א   Kopf wie ein Stier

Beth war ein Haus: ב   Das Haus heisst auch im heutigen Hebräisch Beth, Bethlehem heisst Brothaus.

Gimel war ein Kamel: ג Höcker des Kamels. Kamel heisst auf Hebräisch Gamal.

In einem zweiten Schritt wurden diese Zeichen als Anfangsbuchstaben des ursprünglichen Wortes gebraucht.

Seit dem Übergang von der Stufe des Sammlers und Jägers zum Landbesitzer und Ackerbauern wurde gekauft und verkauft; es war nötig, zu rechnen und Buchhaltung zu führen. Dann aber entdeckte man, dass man mit diesen Zeichen auch heilige Geschichten und Gesetze aufschreiben konnte. Es entstanden verschiedene heilige Texte. Vom fünften vorchristlichen Jahrhundert an sammelten jüdische Gelehrte diese Texte und fügten sie zu grösseren Einheiten zusammen. Die älteste Einheit ist die Thora, die fünf Bücher Mose, die zwar den Namen des Sklavenbefreiers Moses tragen, aber keineswegs von ihm geschrieben wurden. Im Neuen Testament wird die Thora auch «das Gesetz» genannt. Die jüngeren Texte nannte man «die Propheten». Die ganze hebräische Bibel, das Alte Testament, wird «das Gesetz und die Propheten» genannt. Es entstanden nun auch Texte, die nicht jahrhunderte- oder sogar jahrtausendelang mündlich überliefert worden waren, sondern im Augenblick des Ereignisses aufgeschrieben wurden. In den Königsbüchern steht oft der Satz: *Was sonst noch von seinen Taten zu sagen ist, steht in der Chronik der Könige Israels/der Könige Judas.* Damit sind nicht die biblischen Chronikbücher gemeint, sondern eine Art Hofprotokolle, die als Vorlage für die späteren Bibeltexte benutzt und theologisch erweitert und umgestaltet wurden. Diese Bibeltexte sind Texte mit historischem Inhalt und mythologischer Überhöhung.

Geschrieben wurde in den ersten Anfängen auf Tontafeln und auf Stein, später auf Papyrusblätter und ungegerbte Lederhäute von Kälbern, Schafen und Ziegen, die zu dünnem Pergament verarbeitet wurden. Das Alte Testament wurde zum grössten Teil auf Hebräisch geschrieben, das zur Zeit der Niederschrift nicht mehr Volkssprache, sondern heilige Sprache war. Das Material, auf das geschrieben wurde, war kostbar und das Niederschreiben der heiligen Worte ein heiliger Akt, in dessen Vollzug gebetet und meditiert wurde. Die Schreiber waren grosse Künstler, für die jeder Buchstabe ein heiliges Kunstwerk war. So wurden die Texte fast fehlerfrei geschrieben. Diese Kunstwerke wurden in besonderen Schränken in den Synagogen verwahrt und beim Vorlesen mit heiliger Scheu behandelt. Mussten sie ersetzt werden, weil ihnen das Alter zugesetzt hatte, wurden sie in heiliger Ehrfurcht feierlich bestattet. Berühmt sind die Schriften, die in Qumran ihre letzte Ruhestätte gefunden hatten. Sie wurden um das Jahr 1947 entdeckt und entziffert. Sie sind als bestattete heilige Schriften älter als die im Gebrauch befindlichen Schriftrollen der Synagogen. Es wurden nur wenige, geringfügige Abweichungen zwischen den Inhalten der gebräuchlichen und der uralten Schriftstellen festgestellt.

Durch die Exilierung verstanden viele Diaspora-Juden der Folgegeneration weder die heilige hebräische Sprache noch die aramäische Umgangssprache, so musste die hebräische Bibel in die neue länderübergreifende Sprache, ins Griechische, übersetzt werden. Dieses auf Griechisch übersetzte Alte Testament trägt den Namen Septuaginta, weil nach der Legende siebzig Gelehrte unabhängig voneinander dieselbe Übersetzung zustande gebracht hatten.

Übersetzungen können nie mit hundertprozentiger Genauigkeit den ursprünglichen Wortlaut wiedergeben. Das wissen auch heutige Bibelübersetzer. In Indonesien gab es noch im zwanzigsten Jahrhundert Stammesangehörige, die sich auf der Kulturstufe der Blutrache befanden und kein Wort für Versöhnung kannten. Wie können Missionare das Wort Versöhnung übersetzen und die unversöhnlichen Menschen Versöhnung lehren? Ein Missionar beobachtete einen Zimmermann, der durch Hobeln verschiedene Bretter so bearbeitete, dass sie zusammengefügt werden konnten. Er erkundigte sich nach dem Ausdruck für diese Anpassung und Zusammenfügung; dieser Ausdruck ist in besagter Sprache nun das Wort für Versöhnung.

Ähnliche Probleme gab es bei der Übersetzung des hebräischen Alten Testamentes in die griechische Sprache.

Die Bibel ist das Buch mit Erfahrungen Gottes, sie ist ein Tagebuch der geistigen Entwicklung und religiösen Vorstellungen der Menschheit, aber sie ist auch das Buch der Geschichte Israels. Es gehört zum Wunder der Bibel, dass es selbst heute schlichte Menschen ohne grosse Gelehrsamkeit gibt, die von der Bibel getragen, getröstet, herausgefordert und verändert werden und in ihrer Herzensfrömmigkeit die Heilige Schrift besser verstehen als mancher kopflastige Theologieprofessor. Ich gebe auch gerne zu, dass unter diesen einfachen Menschen sehr viele Bibel-Gläubige zu finden sind, die ganz kindlich viele Mythen wörtlich verstehen und über groteske grausame Verse ganz einfach hinweglesen oder von ihnen gar nichts wissen.

Die Sammlung und Koordinierung heiliger Texte

Nachdem die Ur-Israeliten jahrhundertelang heilige Geschichten erzählt und nach der Erfindung der Schrift Schriftstücke mit diesen Geschichten herumgereicht hatten, machten sich Gelehrte ans Werk, diese Schriften zu sammeln, zu koordinieren und ein einheitliches Ganzes daraus zu machen. Bis zur Zeit der Reformation galt Moses als der Verfasser der ersten fünf Bücher der Bibel. Darum tragen sie den Namen «die fünf Bücher Mose». Doch schon die Reformatoren machten darauf aufmerksam, dass Moses nicht selber seinen Tod beschrieben haben könne. Seit dem 19. Jahrhundert spricht man in der Theologie von mindestens drei verschiedenen Verfassern oder Schulen für die Thora. Für die eine Schule trägt Gott den Namen Jahwe, einen Namen, den man eigentlich gar nicht aussprechen darf. Damit ein Vorleser nicht unabsichtlich den verbotenen Namen aussprach, wurde er verschlüsselt aufgeschrieben, mit einer Mischung aus Buchstaben von zwei Gottesbezeichnungen: Jahwe und Eloha. Daraus ergab sich das nichtexistierende Wort *Jehowa*, was bei der religiösen Gruppe der Zeugen Jehovas als echtes Wort gilt. In verschiedenen Texten taucht dieser Nicht-Name Jehowa – gemeint ist Jahwe – immer wieder auf, darum wird diese Verfasserschule *Jahwist* genannt. Für eine andere Verfasserschule ist Gott Elohim, darum heisst diese Verfasserschule *Elohist*. Eine dritte Überlieferungsschule wird *Priesterschrift* genannt.

Aufmerksame Leserinnen und Leser stellen zwischen den miteinander verwobenen Texten Nahtstellen oder Verdoppelungen fest. Die anrüchige Geschichte, als Abraham Sara aus Angst, man könnte ihn wegen seiner schönen Frau umbringen, bittet, sie möge sich als seine Schwester ausgeben, findet sich an zwei Stellen mit zwei völlig verschiedenen lüsternen Männern, welche die schöne Frau in ihr Bett holen möchten, einmal in 1. Mose 12,11 und ein zweites Mal in 1. Mose 20,2. Eigentlich absurd, denn

Abraham und Sara sind bereits hochbetagt, also für andere Menschen sexuell nicht begehrenswert. Aber es handelt sich eben um Mythen, nicht um historische Berichte. Ursprünglich war es in dieser Geschichte um eine schöne junge Frau gegangen, und sie war sicher nicht zweimal erzählt worden. Doch bei der Verwebung verschiedener Quellen kam es zu diesen Nahtstellen.

Auch beim Übergang der mythologischen Teile des Alten Testaments zur Mischform von Mythen und Historizität, bei der Formierung der Stämme zu einem Staat unter einem König finden wir Nahtstellen, wo verschiedene Berichte ineinander verwoben wurden. Der Hirtenjunge David kommt an den Hof von König Saul, damit er dem König, der unter Wahnvorstellungen leidet, zur Beruhigung auf der Laute vorspiele. In Kapitel 17 befinden sich sowohl Saul als auch der Hirtenbub David im Kampfgebiet zwischen Israel und den Philistern. Es geht um psychologische Kriegsführung. Der damalige Überschalllautsprecher Goliath versetzt die Israeliten in Angst und Schrecken. Es folgt die weltberühmte, absolut wunderbare Geschichte von *David und Goliath* mit dem Sieg des kleinen Waffenlosen gegen die militärische Grossmacht. – Fast möchten sogar Bibel-Verächter das Alte Testament lieben! – Doch auf einmal kennt derselbe König den Jüngling, der ihm auf der Laute vorgespielt hat, nicht mehr und fragt seinen Feldhauptmann Abner: «Wessen Sohn ist dieser Knabe?» (1. Sam 17,55) Man merkt, das ist kein wortgetreues Protokoll, sondern das sind zwei verschiedene Davidquellen, die ineinander verwoben wurden.

Es ist spannend, diese verschiedenen Quellen, Nahtstellen und Verdoppelungen herauszuspüren. Dazu sind sogar Bibel-Verächter bereit, und das ist gut; so lernen sie wenigstens die Heilige Schrift kennen. Gott begegnet man durch solche Textanalysen allerdings noch lange nicht, so interessant sie auch sein mögen. Gott begegnet nur diejenige oder derjenige, der betend und meditierend in diese Geschichten eintaucht. Und Menschen, denen das gelingt, findet man nicht nur in den Kirchen, sondern auch ausserhalb. Es gibt berühmte Männer und Frauen in Wissenschaft und Politik, Künstler und Filmschauspieler, die weder getauft sind noch zu einer Kirche gehören, die an Gott glauben und die Bibel regelmässig lesen. Mahatma Gandhi war kein Christ, sondern ein gläubiger Hindu, doch er bekannte sich dazu, dass das, was er lebte, ohne die Bergpredigt Jesu Christi undenkbar gewesen wäre.

Die Geschichte Israels von den Erzvätern bis zu David

Biblizisten und Bibel-Freunde wissen, dass die Bibel ein grossartiges Buch ist. Ob das unterdessen auch die bibelverachtenden Leserinnen und Leser finden? Doch allzu viele Biblizisten und Bibel-Verächter werden wohl gar nicht mehr zu unserem Leserkreis gehören. Für Biblizisten ist meine Sicht der Bibel purer Unglaube, und für die Bibel-Verächter bin ich ganz klar ein hoffnungsloser Fall. Aber manchmal gibt es sogar unter den Biblizisten und den Bibel-Verächtern ein paar Neugierige. Und diese Neugierigen lade ich zusammen mit den Bibel-Neueinsteigern ein, einen Blick auf die Geschichte des alten Israel zu werfen. Die Bibel-Gelangweilten bitte ich besonders, trotzdem weiterzulesen, denn Bibel-Gelangweilte sind meistens Männer und Frauen, die sich nicht für Geschichte interessieren.

Die Bibel hat die Geschichte Israels geformt und geprägt – und umgekehrt. Kein anderes Volk hätte dieses Buch entstehen lassen können. Die Geschichte Israels und die Geschichte der Bibel gehen Hand in Hand. Wer die Bibel verstehen will, muss die Geschichte Israels kennen.

Die Geschichte Israels und die Entstehung des Judentums beginnt als Bestandteil der Geschichte des alten Orients, etwa 1500 Jahre vor Christus, mit der Besiedlung Kanaans, und sie endet mit der Zerstörung des herodianischen Tempels im Jahr 70 n. Chr. durch die Römer und dem darauf folgenden Ansiedlungsverbot für Juden in Palästina.

Die Zeit von den Erzvätern bis Moses

Der Urvater der zwölf Stämme Israels ist in der Bibel wie im Koran Abraham. Historiker bezweifeln die Historizität Abrahams als Urvater Israels, was aber nicht bedeutet, dass nicht eine wichtige Person mit diesem Namen existiert haben könnte. Laut dem bereits erwähnten Thorakommentaristen Rashi war Abraham ein herumziehender Aramäer. In den 1947 entdeckten Qumranrollen taucht ein «Abraham Hebraeus» auf, der als Kultstifter der aramäischen Sprache aus Ur stammen soll. Aus Ur stammt auch der biblische Abraham, der auf Befehl Gottes aus dem Land der Vielgötterei auszieht, um sich im Lande Kanaan niederzulassen. Dieser Mythos macht Abraham zum Begründer des Monotheismus der Juden, Christen und Muslime. Wie die ersten Menschen in der Bibel erreichte auch Abraham ein unrealistisch hohes Alter. Carel van Schaik und Kai Michel drücken in ihrem *Tagebuch der Menschheit* die Vermutung aus, dass bei der Erwähnung des *biblischen Alters* die Erinnerung daran wach geblieben ist, dass die Menschen auf der Kulturstufe der Sammler und Jäger gesünder waren und länger lebten als nach Erreichen der Kulturstufe der Landwirtschaft. Sie mussten auf der neuen Kulturstufe härter arbeiten und kamen auch mit Krankheiten der Tiere in Berührung, mit denen sie nun in engem Kontakt lebten. Vielleicht jedoch enthält das *biblische Alter* eine theologische Aussage: Menschen waren – und sind auch heute – für ein Leben mit Gott und in Gott bestimmt; das Göttliche in ihnen ist ewig. Nach dem Hinauswurf aus dem Paradies wird ihr Leben immer kürzer, bis es in der historisch erfassbaren Zeit schliesslich unsere heutige Lebensdauer erreicht.

Abraham war hundert und Sara neunzig Jahre alt (1. Mose 17,17), als ihr Sohn Isaak geboren wurde. Auf die zwölf Söhne von Isaaks Sohn Jakob gehen die zwölf Stämme Israels zurück. Joseph und Benjamin, der Jüngste, sind die Söhne Rahels, die zehn übrigen sind die Söhne Leas oder der beiden Sklavinnen. Es folgt das Drama mit dem schönen eitlen Joseph, der seine Brüder dermassen ärgert, dass sie ihn nach Ägypten verkaufen und dem Vater erzählen, ein wildes Tier habe seinen Sohn gefressen. Die Josephsgeschichten gehören zum Feinsten, was das Alte Testament zu bieten hat. Es geht um Sex (Madame Potiphar) und Macht, aber auch um Vergebung und Gottes Geheimnis. Jakob und seine grosse Familie kommen als Wirtschaftsflüchtlinge nach Ägypten, wo sich ihnen Joseph als Sohn und Bruder offenbart.

Joseph vergibt den Brüdern mit den Worten: *Ihr gedachtet mir Böses zu tun, aber Gott hat es zum Guten gewendet.* (1. Mose 50,20)

Als die Hebräer einander diese Ägypten-Geschichten erzählten, lebten sie längst nicht mehr in Ägypten, sondern in dem Land, das Gott ihnen verheissen hatte. Wie kam es, dass sie in das verheissene Land zogen, nachdem es ihnen unter Joseph und dem Pharao in Ägypten so gut gegangen war? Gott gebraucht für sein Handeln nicht nur das, was uns gefällt; oft sind wir zu einer Änderung erst bereit, wenn das Leben tragisch wird. Und so geht die Geschichte Gottes weiter mit dem Hinweis: *Da erstand ein neuer König über Ägypten, der nichts von Joseph wusste, der sprach zu seinem Volke: Seht, das Volk der Israeliten ist uns zu zahlreich und zu stark. ...* (2. Mose 1,8)

Laut ägyptischen Quellen gab es im Land der Pharaonen einen Stamm der Habiru, den Forscher mit den Hebräern gleichsetzen. Pharao Ramses II ist bekannt für seine gewaltigen Bauvorhaben, zu denen die Habiru und gewöhnliches Volk beigezogen wurden. Historiker bezweifeln allerdings, dass eine Gesamtheit von zwölf israelitischen Stämmen in Ägypten existiert haben könnte. In Palästina werden sich Einwanderer verschiedener Herkunft vermischt und gemeinsam gegen die bereits ansässigen Philister durchgesetzt haben. Bei den wunderbaren Mythen rings um einen Auszug aus Ägypten dürfte es sich um eine volkstümliche Übertreibung handeln, die von anderen Gruppen, die in Palästina eingewandert waren, begeistert übernommen wurde. In der Geschichte des Orients wird es sich aber um ein eher unbedeutendes Ereignis gehandelt haben; es gibt dafür ausser der Bibel keine ägyptischen oder orientalischen Quellen. Als Mythos hat der Auszug aus Ägypten jedoch weltpolitische Bedeutung erlangt und sogar bei der Befreiung der schwarzen amerikanischen Sklaven eine Rolle gespielt.

Sagen haben stets einen historischen Kern. In vielen Ländern und Kulturen gibt es Erzählungen von Kindern, die in einem Körbchen ausgesetzt wurden und einem unbestimmten Schicksal entgegentrieben. Kinder wurden ausgesetzt, weil sie behindert waren oder dem falschen Geschlecht angehörten, also ein Mädchen waren. In den Sagen werden diese Kinder gefunden; sie entwickeln sich zu grossen Helden. Die Zwillinge Romulus und Remus, die im Tiber dahintreiben, werden von einer Wölfin gerettet und gesäugt und gelten als die Stadtgründer Roms. Moses wird von seiner Schwester im Körbchen im Nil versteckt, von der Tochter des Pharaos gefunden und als Sohn angenommen. Er erhält eine ausgezeichnete ägyptische Ausbildung. Die historische Wahrheit, die bei Moses durchschimmert, wird in Pharao Echnaton zu suchen sein, der versuchte, in Ägypten den Monotheismus einzuführen, was ihm aber nicht gelang. Doch der Glaube, dass es einen allmächtigen Gott gab, der Himmel und Erde geschaffen hatte und der Herr aller Völker war, liess sich am ägyptischen Hof nicht völlig zum Verschwinden bringen. Die Geburt von Moses, seine Rettung, Erziehung und Sklavenbefreiung sind kein protokollarischer Bericht. Zum Glück. Ich kann mir nicht vorstellen, dass ein Protokoll derart faszinierend sein könnte, dass daraus die Stimme Gottes zu hören wäre. Ich habe meinen Kindern und Grosskindern begeistert Mythen erzählt und ihr Herz für Gott erwärmt. Es wäre mir hingegen nie in den Sinn gekommen, ihnen ein Protokoll vorzulesen.

Der Leuchtturm des Berichts vom Auszug aus Ägypten sind die zehn Gebote, meist die «Gebote vom Berg Sinai» genannt. Nach anderen Thorastellen wurden sie auf dem Berg Horeb geschenkt. Berge und Wüste waren und sind immer wieder Quellen für göttliche Offenbarungen. Für Bibel-Verächter sind die zehn Gebote nichts Besonderes. Ihrer Meinung nach gibt es Ähnliches auch in anderen Kulturen. Das mag sein. Das ändert jedoch nichts an der Tatsache, dass diese zehn Prioritäten die Gebote von drei Weltreligionen sind; für Europa sind sie zudem die älteste schriftliche Sammlung gesitteter Menschlichkeit. Mit der einzigen Ausnahme des ersten Gebotes, das die Souveränität Gottes betont, haben sie auch heute noch für die meisten Europäerinnen und Europäer

Gültigkeit. Im Augenblick hat das Sittlichkeitspendel in Europa stark nach der atheistischen Seite ausgeschlagen, doch wer weiss denn schon, ob das Pendel nicht schneller, als man ahnen kann, wieder in die andere Richtung schlagen wird und somit auch das erste Gebot wieder Gewicht erhält im Sinne der Erkenntnis: Alles kommt von Gott und geht auch wieder zu Gott zurück. ER ist der Anfang und das Ende, Alpha und Omega.

Das zweite Gebot, dass man sich kein unwandelbares Bild von Gott machen soll, ist geradezu der rote Faden, der durch dieses Buch geht. Ohne Bilder und Vorstellungen von Gott ist Glaube unmöglich, aber Bilder und Vorstellungen sind nie Gott selber. Die Bilder und Vorstellungen dürfen sich wandeln.

Die Richterzeit

Mit der Landnahme beginnt in Israel die Richterzeit. Hier befinden wir uns auf einigermassen geschichtlichem Grund, durchsetzt mit Sagenelementen. Stämme, die sich aus politischen und wirtschaftlichen Gründen zusammengehörig fühlen, erzählen einander ihre Mythen als gemeinsame Familiengeschichte. Manches erinnert an die Schweizer Geschichte. Die Aargauer haben längst vergessen, dass sie einmal als Habsburger gegen die Urkantone gekämpft haben. Die Waadtländer haben den Bernern die Eroberung zwar noch nicht völlig verziehen, doch wenn die Zürcher versuchen sollten, Zürich zur Hauptstadt zu machen, würden die Waadtländer als erste für Bern auf die Barrikaden steigen. Schliesslich waren wir doch alle einmal Helvetier, sogar die Tessiner, die das historisch-protokollarisch gesprochen nie waren. Und unerschütterlich wird die SVP vom Mythos angetrieben, dass wir uns nie fremden Richtern gebeugt hätten, obwohl es eine protokollierte Tatsache ist, dass es ohne Napoleon die moderne Schweiz nie gegeben hätte. Mythen haben grosse Kraft.

Die Richter waren eine Art Propheten, im Fall von Samuel Seher genannt. Jedenfalls waren sie charismatische religiöse Persönlichkeiten, Sprachrohre Gottes, was die Stammesangehörigen beeindruckte, obwohl diese noch keine eigentlichen Monotheisten waren. Die israelitischen Stammesangehörigen befanden sich noch in der Bronzezeit, wohingegen die Philister bereits Eisen kannten, sodass sie den Stammesangehörigen überlegen waren. Es war ein Völkerringen auf Leben und Tod mit gegenseitigen Ausrottungstendenzen, an dem sich auch Gott und die Götter mit aller Härte beteiligten. Gott und die Götter waren Kriegsführer mit *himmlischen Heerscharen*, die ihre Anhänger übernatürlich unterstützten. Wenn die Stämme siegten, war Gott auf ihrer Seite; wenn sie unterlagen, war das die Folge ihrer Sünde, fremden Göttern anzuhangen. Im Gegensatz zu den Philistern machten sich die israelitischen Seher und Priester keine Bilder von Gott, aber sie wussten, wo dieser unsichtbare Gott verkörpert war: in der Bundeslade. Theologisch interessant ist die Geschichte in 1. Samuel 4. Um die Macht ihres Gottes herauszufordern, hatten die Israeliten nach vielen Niederlagen die Bundeslade aus dem Heiligtum in Silo geholt und mit in den Krieg genommen. Eine Art Gottesbeweis. Nun musste ihr Gott ihnen zum Sieg verhelfen. Doch sie wurden besiegt und die Bundeslade fiel in die Hände der Philister. Gott lässt sich nicht zwingen, menschlichen Beweisen zu folgen. Religiös tolerant, wie die Philister waren, stellten sie die Bundeslade in ihren Tempel. Ein Gott mehr konnte nicht schaden. Da hatten sie sich allerdings getäuscht. Der Gott Israels richtete im fremden Tempel und im ganzen Philisterland grosses Unheil an: Die Pest brach aus. Bibel-Freunde werden sich freuen über die Fortsetzung der Geschichte mit der Bundeslade, denn an dieser Stelle zeigt sich einmal mehr, dass diese Kapitel der Bibel nicht nur voller grausamer Taten eines diktatorischen göttlichen Heerführers sind, sondern auch eine Schatzkammer für göttlichen Humor. Im Gegensatz zum Volk, das aus lauter Angst die gefährliche Bundeslade zu den Israeliten zurückschicken wollte, glaubten die Priester der Philister nicht an die gefährliche Macht dieses Gottes. Als gebildete Theologen war ihnen «klar», dass die Katastrophen Zufall waren oder, besser gesagt, von Mäusen verbreitet wurden. Sie wollten die Bundeslade aus politischen

Gründen im Philisterland behalten. Aber sie wussten, wie man mit dem dummen Volk umgehen musste, das die gefährliche Bundeslade entfernen wollte. Die Priester organisierten ein göttliches Schauspiel zu ihren Gunsten (1. Sam. 6). Selbstverständlich mussten die Israeliten – das gehörte zu diesem Spiel – für die Entführung ihres Gottes entschädigt werden. Man würde ihnen auf einem Wagen mitsamt der Bundeslade fünf goldene Beulen (Symbol für die Pestbeulen) und fünf goldene Mäuse schicken. Es sollte ein neuer Wagen sein, nicht einfach ein alter Karren. Der Wagen sollte von jungen Kühen gezogen werden, die eben erst gekalbt hatten und auf die noch nie ein Joch gekommen war. Das war in den Augen des Volkes ehrenvoll. Das dumme Volk würde nicht daran denken, dass Tiere, die noch nie an einen Wagen gespannt worden waren, sich wehren und den Wagen umstossen würden. Und nicht genug damit, vor den Augen der Kühe sollten ihre soeben geborenen Kälber weggeführt werden. Wenn nun die Kühe nach der Wegführung der Kälber den Wagen Richtung Israel ziehen würden, müsste das der Wille des mächtigen Gottes Israels sein. Wenn sie nicht Richtung Israel aufbrächen, würde sich die Krankheit als Zufall erweisen. Jeder Priester wusste, dass die Kühe sofort ihren Kälbern nachrennen würden. Solche Humbugbeweise sowohl religiöser als auch nicht religiöser Art gibt es auch heute zuhauf. Man nennt das Wahlversprechen oder Klimakonferenz. Der Schreiber dieser Kuhbeweisgeschichte hatte die Lacher jedoch auf seiner Seite, als er berichtete, wie die Kühe sofort Richtung Israel aufbrachen. Die Priester werden lange Gesichter gemacht haben. Mythos oder Protokoll? – Ich weiss es nicht, aber ich liebe diese Geschichte. Die Bibel hat Humor.

David

Eine wunderbare Geschichte, die ebenfalls viel Humor enthält, ist die Erzählung von David und Goliath. Sogar Bibel-Verächter müssen zugeben, dass diese Geschichte grossartig ist: Das gepanzerte Grossmaul bricht durch den Stein eines Knaben zusammen. Die Geschichte könnte durchaus einen historischen Kern haben.

Es konnte in der Tat vorkommen, dass anstatt des Krieges zweier Völker zwei Helden gegeneinander antreten mussten. Historisch ist jedenfalls, dass David als König sehr siegreich war. Nachdem sowohl Saul als auch Jonathan im Krieg gegen die Philister gefallen waren, wurde David zunächst König über die Südstämme Juda und Benjamin. Die Nordstämme anerkannten den zweitältesten Sohn Sauls, Isbaal, als ihren König. Nach dessen Ermordung meldeten sie sich bei David und machten ihn zum König auch über den Norden. Die Spannungen zwischen den Nordstämmen und den Südstämmen blieben jedoch bestehen.

Noch während Sauls Königszeit weckten die militärischen Erfolge Davids den Neid des Vorgängerkönigs, der ahnte, dass nicht sein Sohn Jonathan, sondern David den Thron übernehmen würde. In seinem krankhaften Wahn hatte Saul bereits einen ersten Mordanschlag auf David verübt, als dieser ihm zur Beruhigung auf der Laute ein Lied vortrug. Weitere Mordanschläge tarnte Saul: Er schickte David schutzlos an die gefährlichsten Fronten in der Hoffnung, dass die Feinde ihn irgendeinmal umbringen würden. Seit dem Anschlag beim Musizieren hütete sich David, dem König allein zu begegnen. Also versuchte dieser ihn als Schwiegersohn erneut in grössere Nähe zu holen. Saul wollte, dass David seine Lieblingstochter Merab heiraten würde, die nur an ihren Vater dachte und nicht das Geringste für David empfand; mit Merabs Hilfe könnte er David dann erledigen. Doch dieser wand sich mit diplomatischen Worten aus der tödlichen Eheumgarnung: *Wer bin ich? Und was ist meine Sippe, das Geschlecht meines Vaters, dass ich des Königs Tochtermann werden könnte?* (1. Sam. 18:18) Und so musste Saul Merab mit einem anderen verheiraten. Doch da war noch die jüngere Tochter, Michal, die bis über beide Ohren in David verliebt war. Vielleicht würde Saul doch noch zum Ziel kommen. Und diesmal verweigerte David die Ehe nicht. Doch in der Nacht, die die Mordnacht hätte werden sollen, rettete die Verliebte David das Leben.

Davids Todfeind hätte an sich Jonathan sein müssen, denn als Sohn des Königs war ja schliesslich er der Thronfolger, nicht David. Saul versuchte erfolglos, Jonathan in seine Mordpläne einzubinden. Es ist auffällig, dass David und Jonathan einander nicht nur Liebeslieder sangen, in denen es heisst, dass ihre Männerliebe süsser sei als Frauenliebe, sondern Jonathan verzichtete bewusst zugunsten Davids auf den Thron (1. Sam. 23,17). Der sonst übliche Hahnenkampf zwischen Männern um die Macht fand nicht statt. Jonathan wäre ein guter König geworden. Er hatte die entsprechende Ausbildung und war auch geübt in der Kriegsführung. Über all diese königlichen Qualitäten verfügte David zunächst überhaupt nicht; er wusste nicht einmal, wie man sich in einer Rüstung bewegen musste. Der etwas ältere Freund Jonathan brachte ihm alles liebevoll bei. *Jonathan zog den Mantel aus, den er anhatte, und gab ihn David, auch seine Rüstung und sogar sein Schwert, seinen Bogen und seinen Gürtel. (1. Sam. 18,4)* Gleich mehrmals wird gesagt, dass sie einander mehr liebten als ihr eigenes Leben. Sie schlossen einen Liebesbund. Sie weinten miteinander und tauschten Küsse aus.

Vielleicht interessiert es biblizistische Leserinnen und Leser, die sehr viel vom Judentum halten, was ein Rabbiner über die Beziehung von David und Jonathan sagt:

Obwohl es nirgendwo direkt geschrieben steht, deuten viele Stellen in der Erzählung von David darauf hin, dass Jonathan und David eine erotische Liebesbeziehung miteinander hatten. Auf Grund der biblischen Aussagen zum Thema Homosexualität, die oft fragwürdig interpretiert wurden, wird darüber sehr ungern gesprochen. Unter Homosexualität versteht die Thora ausschliesslich den sexuellen Verkehr zwischen zwei Männern. Lesbische Liebe wurde dagegen nie als sexueller Verkehr angesehen und war in der Halacha nie verboten. Trotzdem, auch wenn Homosexualität oft als anormal betrachtet wurde, weil sie dem lebenserhalten-

den Konzept der Fortpflanzung entgegenstand, wurde
Bisexualität in der antiken Gesellschaft so gut wie über-
all als normal angesehen.
Rabbiner Baruch Rabinowitz, Lust und Leidenschaft

Biblizisten, für die homoerotische Beziehungen Sünde sind, sehen in den Küssen und Tränen und in den Liedern, in denen David seine Liebe zu Jonathan besingt, orientalische bunte Sprachüppigkeit. Um David aus der homoerotischen Schusslinie herauszunehmen, verweisen sie geradezu dankbar auf die heterosexuellen Ausschweifungen des Dichterkönigs.

Die Bibel ist ein ehrliches Buch. Sie zeigt uns den grossen König als massiven Sünder, der den Ehemann der schönen Batseba, die er verführt und geschwängert hat, im Krieg durch Befehl seines Heerführers und Neffen Joab an die vorderste Front schicken lässt, damit dieser dort umkomme. Ein Bote meldet David, wie der Kampf verlaufen ist. Da David dank Jonathan selber sehr viel von Krieg versteht, wird er zunächst wütend, als er erfährt, dass eine kleine Gruppe sich zu nah an die feindliche Stadtmauer gewagt hat. So etwas ordnet doch kein Feldführer an, das wäre ja Selbstmord! Doch als er vernimmt, dass bei diesem unnötig tollkühnen Vorstoss Uria gefallen ist, verfliegt sein Zorn, und ganz mild findet er, dass man in einem Krieg halt eben auch mit Verlusten rechnen müsse (2. Sam. 11,25). Die scheussliche Tat Davids wird vom Propheten Nathan aufgedeckt. Der mutige Prophet klagt den König wegen dieses Verbrechens an, indem er ihm eine Geschichte erzählt:

Es waren zwei Männer in derselben Stadt, der eine
reich, der andere arm. Der Reiche hatte sehr viele Scha-
fe und Rinder, aber der Arme hatte nichts als ein einzi-
ges kleines Schäflein, das er sich gekauft hatte, und er
zog es auf, und es ward bei ihm zusammen mit seinen
Kindern gross. Es ass von seinem Bissen und trank aus
seinem Becher und schlief an seinem Busen, und er hielt

es wie ein Kind. Da kam einst zu dem reichen Mann ein Gast. Weil es ihn nun reute, von seinen Schafen oder Rindern eins zu nehmen, um es dem Wanderer herzurichten, nahm er das Lamm des armen Mannes und richtete es dem Manne zu, der zu ihm gekommen war. Da entbrannte der Zorn Davids heftig wider den Mann, und er sprach zu Nathan: So wahr der Herr lebt: der Mann, der das getan hat, ist ein Kind des Todes. Da sprach Nathan zu David: Du bist der Mann. (2. Sam. 12)

David hätte den Propheten wegen dieser Anklage hinrichten lassen können. Das tat er aber nicht. Psalm 51 zeigt uns einen König, der seine Verfehlung vor Gott und Menschen bekennt.

Davids Mordopfer, der Hethiter Uria, war nicht irgendein Mann. Uria gehörte zu den dreissig besonders erwähnten Helden (2. Sam. 23,38), die bereit waren, ihr Leben für Gott und König einzusetzen. Die wenigen Hethiter im Land waren die Nachkommen eines längst untergegangenen mächtigen indogermanischen Reiches; sie waren selbst zu Davids Zeit überzeugte Polytheisten. Nicht so Urias Eltern, die zum Glauben an den lebendigen Gott Israels gekommen waren. Der Name Uria bedeutet: *Gott ist mein Licht.* Urias Liebe zu Gott und seine Treue zu David werden in der Bibel besonders hervorgehoben (2. Sam. 11,11). Ich bin überzeugt, dass David in Psalm 27 an Uria dachte, als er betete: *Gott ist mein Licht und mein Heil, vor wem sollte ich mich fürchten?*

Gott spricht selbst in Texten zu uns, die von menschlichen Irrungen und Wirrungen sowie von Mord und Totschlag erfüllt sind. Ein Uria wird von Gott nicht vergessen, weder in der Zeit Davids noch in unserer Zeit. Jeder Mensch hat seinen Platz: *Gott ist mein Licht.*

David, der ein kluger Politiker war, wählte als Hauptstadt nicht eine wichtige Stadt im Süden oder im Norden, was nur die Eifersucht der einen oder andern ausgelöst hätte. Er eroberte Jerusalem, das als Fremdstadt weder zum Norden noch zum Süden gehört hatte, aber genau zwischen den beiden Stammgebieten lag. Indem er die Bundeslade in seine Hauptstadt brachte, machte er Jerusalem zu dem religiösen Zentrum, das es bis heute für drei Weltreligionen ist. Durch die Vereinigung des Nordens mit dem Süden gelang dem König der Aufbau eines davidischen Grossreiches.

Wer, angeregt durch mein Buch, die Davidgeschichten neu liest, wird feststellen, dass diese Vereinigung nicht ohne Kriege zwischen dem Norden und dem Süden zustande kam. Im Norden herrschte Isbaal, ein Sohn Sauls. Nach einem von David gewonnen Krieg wurde er vertraglich gezwungen, seine Schwester, die eine Zeitlang Davids Frau gewesen war, dann aber von Saul einem anderen Mann gegeben worden war, wieder zu David zurückzuschicken. Der kluge Politiker im Süden wusste, dass ihm die Tatsache, nun doch wieder Sauls Schwiegersohn zu sein, nützlich werden könnte. Die grosse Stütze des Königs im Norden war der geniale Heerführer Abner, mit dem Isbaal sich jedoch überwarf, sodass er zu David überlief. Abner wurde dann aber von Davids Heerführer und Neffen Joab ermordet. Es könnte durchaus sein, dass auch David dabei seine Hand im Spiel hatte. Offiziell ordnete er eine Staatstrauer für den Ermordeten an. Seinen Neffen bestrafte er jedoch lediglich mit einem Fluch. Dieser Fluch ist fast so etwas wie ein Fluchpsalm, steht jedoch nicht im Buch der Psalmen, sondern in 2. Samuel 3,28f.: *Ich und mein Königtum sind für ewig unschuldig vor dem Herrn und an dem Blute Abners. Möge es im Haus Joabs nie fehlen an solchen, die am Fluss und Aussatz leiden, die an Krücken gehen, die durch das Schwert fallen und die nichts zu essen haben.* Dieses Fluchgebet war weniger an Gott gerichtet als vielmehr ein geschickter Werbespot für den Norden: «Seht, bei der Ermordung eures geschätzten Generals wasche ich meine Hände in Unschuld.»

Joab hatte Abner ermordet, weil dieser im Bürgerkrieg im Kampf seinen Bruder Asael getötet hatte. Vielleicht fürchtete er aber auch die Konkurrenz des erfolgreichen Generals, nachdem dieser zu David übergelaufen war. Davids Fluchgebet hatte für den Neffen Davids keine negativen Folgen; er blieb Davids Vertrauter und geschätzter General.

Im Süden wurde David immer beliebter, im Norden wurde Sauls Sohn Isbaal dagegen immer unbeliebter. Schliesslich wurde er von zwei Leibgardisten ermordet. In der Annahme, für diesen Mord bei David zu Ehren zu kommen, brachten diese den abgeschlagenen Kopf Isbaals zu David. Hätte David die Mörder belohnt, würde das die Menschen im Norden gegen ihn aufgebracht haben. Einmal mehr erwies sich der ehemalige Hirte als schlauer Politiker. Er liess die Mörder des Gegenkönigs hinrichten und dessen Kopf in Abners Grab ehrenvoll bestatten. Damit konnte er bei seinen bisherigen Gegnern im Norden punkten. Und da David Sauls Schwiegersohn war, kam er durchaus als Nachfolger des Königs in Frage. Eine Delegation aus dem Norden sprach bei ihm vor mit der Bitte, er solle nun auch König über den Norden werden.

Nach der Vereinigung mit dem Norden besiegte David die übrigen Feinde – Philister, Moabiter, Amalekiter und Ammoniter – endgültig. Wie jeder orientalische Herrscher ging auch David nicht zimperlich mit den Völkern um, die sich Israel gegenüber jahrhundertelang feindlich verhalten hatten. So mussten sich die Moabiter auf den Boden legen und dann wurde abgezählt: eins zwei *drei*, eins zwei *drei*. Jeden Dritten liess er am Leben, zwei Drittel wurden umgebracht (2. Sam. 8,2).

Dieser Mann nach dem Herzen Gottes könnte einem recht unsympathisch werden. Warum ist er trotzdem so beliebt? Er hatte zwei Seiten. Er war ein Krieger – ein heldenhafter Krieger – und ein Stratege, aber auch einer, der unbarmherzig zuschlug. Das wollen wir ihm nicht verübeln. Wäre er nicht so gewesen, hätte er sein Reich nicht zu dem machen können, was es unter ihm wurde. Er war zudem sehr triebhaft, was ihn zu einem Mörder machte. Er war aber auch extrem in seiner Liebe zu seinen Getreuen, die ihrerseits bereit waren, ihr Leben für diesen grossartigen König zu opfern: In einer gefährlichen Situation stellten sie fest, dass der König von einer unstillbaren Lust nach dem herrlichen Wasser aus der Gihonquelle bei Bethlehem erfüllt war. Die Quelle war aber in den Händen der Philister und es war Krieg. Da schlichen sich die Getreuen durch die feindlichen Linien und brachten dem König einen Krug des köstlichen Wassers. David war tief bewegt von der Liebe seiner Getreuen. Doch hier zeigt sich die einzigartige Gottesliebe dieses Mannes: Das Wasser, das ihm gebracht wurde, war ihm zu kostbar, als dass er es hätte trinken können. Er goss es zur Ehre Gottes aus. Nicht um Gott zu besänftigen oder etwas von ihm zu bekommen; einfach aus Liebe. Diese Liebe drückte er auch in seinen Psalmen aus.

Ich will den Herrn preisen allezeit,
sein Lob soll immerdar
in meinem Munde sein.
Meine Seele rühme sich des Herrn,
die Gebeugten mögen es hören
und sich freuen.
Erhebet den Herrn mit mir
und lasset uns alle seinen Namen erhöhen.
Blicket auf zu ihm,
so strahlt euer Antlitz.
Schmecket und sehet,
wie gütig der Herr ist.
Wohl dem Manne,
der auf ihn vertraut!
(Psalm 34 auszugsweise)

Dass in den Kirchen zur Ehre Gottes Loblieder gesungen werden, geht direkt auf den Einfluss des grossen Königs zurück, der vor dreitausend Jahren gelebt hat. Allerdings hatte sein Gotteslob eine völlig andere Qualität und Dynamik als das, was wir normalerweise erleben und verspüren, wenn wir Gott loben und preisen. Davids Jubeln über Gott hatte eher Ähnlichkeit mit dem Jubel, der ausbricht, wenn im Fussballstadion ein Tor geschossen wird. Wenn wir im kirchlichen Rahmen einen Jubel wie im Fussballstation erleben wollen, müssen wir schon zu den afrikanischen oder den südamerikanischen Pfingstlern gehen. Und das wäre dann wohl den meisten ziemlich wohltemperierten europäischen Christen peinlich, von den trockenen Schweizer Reformierten gar nicht zu reden. Es war übrigens auch Davids Hauptfrau sehr peinlich.

Michal aber, die Tochter Sauls, hatte zum Fenster hinausgeschaut, während die Lade des Herrn in die Stadt Davids einzog; und als sie David vor dem Herrn hüpfen und tanzen sah, da verachtete sie ihn in ihrem Herzen. (2. Sam. 6,14)

Und dann schliesst das Kapitel mit den trockenen Worten: *Michal aber, die Tochter Sauls, blieb kinderlos bis an den Tag ihres Todes.*

Enthusiasmus allein bringt die Kirche heute sicher nicht wieder in Schwung, doch eine Kirche, die pfingstlichen Enthusiasmus unterbindet, bleibt wie Michal kinderlos bis an den Tag ihres Todes.

Liebe Leserinnen und Leser, liebe Gesprächsteilnehmer,

David ist eine der bekanntesten und beliebtesten Persönlichkeiten der hebräischen Bibel. Er begegnet uns bereits als fröhlicher Hirtenbub mit einem derart goldenen Herzen, dass nicht nur die damaligen Menschen, sondern auch wir Heutigen, vor allem aber Gott, sich in ihn verlieben. Uns beeindruckt, wie dieser Junge aus ganz einfachen Verhältnissen Karriere macht, ins höchste Amt aufsteigt und König wird. Als Kinder begeisterten uns sein Sieg über Goliath und seine Freundschaft mit Jonathan. Als Erwachsene bewundern wir ihn als grossen Dichter, Musiker und Sänger. David ist ein erfahrener Stratege und General und ein geschickter

Politiker. Er ist ein Mann der Extreme. Wenn er etwas gut macht, macht er es sehr gut, aber wenn er etwas falsch macht, geht alles extrem daneben. Er ist ein Triebtäter und Mörder. Er liebt seine Kinder abgöttisch, ist jedoch ein miserabler Erzieher. Seine Familie ist eine Brutstätte des Verbrechens. Ein Sohn vergewaltigt die eigene Schwester. Sohn Absalom tötet einen Bruder, zettelt einen Bürgerkrieg an und versucht seinen Vater vom Thron zu stürzen. Rührend ist aber auch, dass wir David als alten klapprigen Mann kennen, den seine Lieben kaum mehr in die Arme zu nehmen wagen, weil sie befürchten müssen, dass er in ihren Armen zerbrechen wird. Liebevoll zeigt uns die Bibel einen schwachen Greis, der dauernd dermassen friert, dass seine Getreuen ihn im Bett mit einer Bettflasche wärmen müssen. Euch Leserinnen und Lesern ist die Geschichte mit der Bettflasche unbekannt, und ihr werdet sie in der Bibel auch nicht ohne weiteres finden. Bettflasche ist Studentensprache: Abisag von Sunem war für uns damalige Theologiestudenten Davids Bettflasche.

Als der König David alt geworden war und hochbetagt, konnte er nicht mehr erwarmen, ob man ihn gleich in Decken hüllte. So suchten sie in den Gauen Israels nach einem schönen Mädchen und fanden Abisag von Sunem und brachten sie zum König. Sie sagten: «Wenn sie an seinem Busen ruht, wird unser Herr und König erwarmen.» Das Mädchen war sehr schön, und sie pflegte den König und bediente ihn; aber der König wohnte ihr nicht bei. (1. Kön. 1,1-4)

Ich sehe euch schmunzeln. Selbst die Bibel-Verächter fühlen sich zu David hingezogen. Doch ihr alle seid gleichzeitig bestürzt über die Schattenseiten dieses Königs. Der brutale David ist so ganz anders als der David der Sonntagschule. Und überhaupt – dieses Alte Testament mit nicht wenigen schrecklichen Texten. Wie können solche Geschichten Gottes Wort sein? Wie kann man über solche Texte predigen?

76

Wie man darüber predigen kann, davon handelt das nächste Kapitel. Doch genug für heute. Geht jetzt schlafen; morgen ist auch noch ein Tag.

Allegorische Auslegung

Die Bibel bietet verschiedene Möglichkeiten, sich mit ihrem Inhalt zu befassen. Für den Historiker ist sie eine wertvolle Quelle zur Erforschung der Lebensweise, der Sozialstrukturen und der Regierungssysteme, aber auch der Hintergründe kriegerischer Auseinandersetzungen und religiöser Vorstellungen vergangener Völker sowie zur Erforschung ihrer kulturellen Entwicklung. Für den Psychologen sind die Mythen, Sagen und Legenden Archetypen unserer Seelen, die einiges über uns selber aussagen. Für den Prediger, der die Stimme Gottes hörbar machen will, ist die Heilige Schrift das Buch mit den grossen Gotteserfahrungen.

Texte glaubensmässig auszulegen, die Gewalt enthalten oder ein nicht mehr zu akzeptierendes Gottesbild bieten, das geht nur allegorisch. Allegorie stammt aus dem Griechischen. άλλος heisst anders, αλληγορία bedeutet *eindringliche Sprache*. Der Prediger will also *anders* auslegen, nicht wörtlich, sondern symbolisch oder mit einem neuen, bislang verborgenen Sinn.

Allegorische Interpretationen enthält bereits das jüdische Bibelauslegungsbuch Talmud. Der Allegorese bedient sich auch der bekannteste hellenistische jüdische Theologe und Philosoph Philo von Alexandrien, der von 15/10 v. Chr. bis 40/50 n. Chr. gelebt hat. Hellenistische Juden sind Diasporajuden, die nicht nur vom hebräischen Denken, sondern auch von der griechischen Philosophie geprägt sind. In Philos allegorischem Denken steht Adam für die Denkkraft des Menschen, Eva für die Wahrnehmung, das Paradies für höchste Freude, die Schlange für die Begierde. Kain symbolisiert den Sophisten (Verstandesmenschen), Abel die Frömmigkeit. Jakob verkörpert die Übung der Askese, Esau die Dummheit.

Ich sehe, dass die biblizistischen Leserinnen und Leser die Nase rümpfen. Mit allegorischer, mit symbolischer Auslegung wollen sie nichts zu tun haben. Sie klammern sich an die wörtliche Auslegung. Sie mögen aber zur Kenntnis nehmen, dass auch das Neue Testament in reichem Masse allegorische Auslegung bietet. In 4. Mose 21 steht die bekannte Geschichte von der göttlichen Bestrafung des sündigen Volkes durch giftige Schlangen: Auf Gottes Geheiss machte Moses eine eherne Schlange und steckte sie auf eine Stange. Wer gebissen wurde und die Schlange anblickte, blieb am Leben. Der johanneische Christus macht daraus ein Gleichnis. *Und wie Mose in der Wüste die Schlange erhöhte, so muss der Sohn des Menschen erhöht werden (gekreuzigt werden), damit jeder, der glaubt, in ihm ewiges Leben habe.* (Joh. 3,14) In allen Evangelien ist Jesus der grosse Meister der allegorischen Gleichnisse. Für den Apostel Paulus ist der Durchzug durch das Meer ein Bild für die Taufe (1. Kor. 10,1ff.). Für den grossen Kirchenlehrer Augustin ist die bei Paulus erwähnte Decke über den jüdischen Herzen (2. Kor. 3,14ff.) das falsche Verständnis der Thora mit ihren dunklen Texten. Beseitigt wird nach Augustin in Christus nicht das Alte Testament, sondern die Decke, derentwegen viele Juden nicht sehen können, dass die göttlichen Verheissungen in Christus erfüllt worden sind.

Der Ausgangspunkt dafür, dass ich die Allegorese erwähnt habe, war Davids Niedermetzelung der besiegten Feinde. In der allegorischen Auslegung stehen die niedergemetzelten Philister, Amalekiter und Moabiter für die lebensfeindlichen Gefühle und Gedanken in uns. Wie können Gier- und Machtgelüste beseitigt werden? Wer nicht Theologe ist, wird das Kapitel über Allegorese vermutlich kompliziert und langweilig finden. Deshalb erlaube ich mir, als nächstes eine Predigt folgen zu lassen, die ich während meiner Arbeit an diesem Buch gehalten habe: eine Predigt mit allegorischer Auslegung eines anstössigen Textes.

Einiges, was ich in der Predigt sage, habe ich in diesem Buch bereits gesagt. Einiges – aber nicht alles – wird für die Leserinnen und Leser Wiederholung sein. Nehmt bitte die Wiederholung als Vertiefung.

***

Wasssss?!!! So etwas steht in der Bibel??!!!!

Es gibt wunderbare Bibelstellen. Dafür sind wir dankbar. Es gibt aber auch grauenhafte Bibelstellen – und Gott spricht auch dort zu uns. Nicht wegen solcher Bibelstellen, sondern trotzdem.

Predigt über 1. Samuel 15 im ökumenischen Mittwochgottesdienst vom 30. Oktober 2019, gehalten in der Krypta der katholischen Dreifaltigkeitskirche in Bern

Ich kenne die Bibel seit Jahrzehnten, doch sie wird für mich in jedem Lebensabschnitt immer wieder neu. Als junger Pfarrer ging mir auf, dass Gott auch dann immer noch Wunder tut, wenn Jesus nicht sichtbar unter uns ist. Als mir das aufging, erlebte ich die Apostelgeschichte völlig neu. Auf einmal war die Pfingstgeschichte nicht einfach eine Geschichte, sondern ich erlebte Pfingsten. Und es passierten Wunder, selbst solche, welche die Ärzte sprachlos machten. Das prägt mein Leben bis auf den heutigen Tag, auch wenn ich dort nicht stehengeblieben bin.

Die Psalmen kannte und schätzte ich schon immer, aber eines Tages verliebte ich mich neu in Gott und wollte stundenlang nur noch ihn anbeten. Da erlebte ich die Psalmen völlig neu. Ich wurde ein Psalmenfan – und bin es immer noch.

In der Sonntagschule faszinierten mich Geschichten wie der Durchzug des Volkes Israel durch das Meer. Toll, wie das Volk Israel gerettet wurde und die verfolgenden Ägypter ertranken! Diese alttestamentlichen dramatischen Geschichten faszinieren mich immer noch, doch eines Tages ging mir auf, dass diese Ägypter Menschen waren wie wir. Warum mussten sie sterben? Zu Hause warteten Frauen vergeblich auf ihren Mann und Kinder vergeblich auf ihren Vater. Auf einmal fand ich diese wunderbare Geschichte problematisch.

Ich war froh, nicht der einzige zu sein, der sich über diese Machttat Gottes nicht mehr freute. Es gibt ein jüdisches Auslegungsbuch zur Bibel – den Talmud –, fast so alt wie die Bibel und für die Juden fast so wichtig wie die Bibel. Dort las ich Folgendes: Als das Meer sich über den verfolgenden Ägyptern schloss, jubelten die Engel über die Macht Gottes. Da tadelte Gott sie und sagte: «Wie könnt ihr jubeln, wenn da unten meine Kinder tot im Meer liegen!» Der Talmud legt die Bibel nicht nur aus. Er *korrigiert* sie; er lässt ein neues Gottesbild entstehen. Als junger Pfarrer hätte ich mir nie angemasst, die Bibel korrigieren zu wollen. Sie war für mich ganz klar Wort Gottes, an dem es nichts zu rütteln gab. Es gibt auch heute noch solche jungen Pfarrer – aber sie werden ja auch älter und sehen einiges plötzlich aus einer höheren Warte.

Die Bibel ist ein absolut einmaliges Buch über Gotteserfahrungen. Da können wir nicht genug von ihr lernen. Sie ist aber auch ein Buch, das zeigt, wie sich unsere Vorstellungen von Gott im Verlauf der Jahrhunderte verändert haben, wie alte Vorstellungen korrigiert werden mussten. Einer der grossen Korrektoren ist Jesus Christus, wenn er sagt: *Ihr habt gehört, dass zu den Alten gesagt wurde ..., ich aber sage euch ...*

Und auch Martin Luther sagte, dass er an der Bibel nur das akzeptiere, was er von Christus her bejahen könne: *das was Christum treibet.*

Eine der Bibelstellen, zu denen auch ich sage: Ihr habt gehört, dass zu den Alten gesagt worden ist ..., ich aber sage euch, ist 1. Samuel 15. Im Internet habe ich einige Predigten gelesen, die hoffentlich von jungen Pfarrern stammen, die in einigen Jahren anders predigen werden. Eine der Predigten trug den Titel: «Gott duldet keine Kompromisse». Eine andere: «Kein falsches Mitleid.»

1. Samuel 15 ist ein langes Kapitel. Einige haben es zuhause gelesen, ich lese also hier nicht alle Verse.

Gott spricht durch den Propheten Samuel zu König Saul:

> *Ich will ahnden, was Amalek an Israel getan hat, indem es ihm in den Weg trat, als es aus Ägypten heraufzog.*

Der Auszug aus Ägypten, das ist zur Zeit von König Saul fast fünfhundert Jahre her. Es soll also ein Volk bestraft werden für etwas, das es den Israeliten vor fünfhundert Jahren angetan hat. Da wird es Deutschland in vierhundertfünfzig Jahren sehr schlecht ergehen für das, was Hitler den Juden angetan hat. Und der Antisemitismus ist ja seither nicht ausgestorben, nicht nur in Deutschland. – Ich bin übrigens überzeugt, dass diejenigen, die Juden verfolgen, es mit Gott zu tun bekommen. Mich beeindruckt Sacharja 2,8: *Wer Israel antastet, tastet Gottes Augapfel an.*

Normalerweise halte ich keine Gerichtspredigten. Aber ich will auch nicht einfach die Drohungen Gottes ignorieren. Ich würde die Sacharjastelle für heute sogar erweitern und sagen: Wer zur Schöpfung Gottes nicht Sorge trägt, sondern sie einfach ausnützt, tastet Gottes Augapfel an. Oder in der heute wohl eher atheistischen Sprache ausgedrückt: Die Natur schlägt zurück. Solche Gerichtspredigten sind heute nötiger denn je – ob christlich oder atheistisch. Aber das gibt uns nicht das Recht zu tun, was in diesem grausigen Samueltext getan wird. Und eine Predigt mit dem Titel «Kein falsches Mitleid» erschreckt mich.

Ich lese weiter, und jetzt wird es ganz schrecklich:

> *So ziehe nun hin, schlage Amalek und vollstrecke den Bann an ihm und allem, was es hat, schone seiner nicht, sondern töte Männer, Frauen und Kinder und Säuglinge, Rinder und Schafe und Esel.*

Genau dieses Schreckliche tut der islamistische Staat Isis, das tun die Taliban, und das tut auch Saul mit seinen Soldaten – aber nicht vollständig. Seine Gottesvorstellung ist bereits ein wenig gnädiger als die Gottesvorstellung des Propheten Samuel. Einen Teil des Amalekitervolkes verschont er:

> *Auf, zieht euch zurück, geht fort aus dem Gebiet von Amalek, dass ich euch nicht mit ihnen aufreibe, da ihr*

doch ganz Israel Freundlichkeit erwiesen habt, als es aus Ägypten heraufkam.

Ein ganzer «Kanton» wird verschont. Und Saul tötet auch keine Tiere. Einige der Tiere könnte man ja dann später Gott als Opfer darbringen. Saul tötet auch Agag nicht, den König der Amalekiter. Dieser Ungehorsam macht den Propheten Samuel im Namen Gottes wütend. Hier Samuels Worte:

Gehorsam ist besser als Opfer.

Ausserhalb dieser Mord- und Totschlaggeschichte ist das zwar ein guter Satz:

Gehorsam ist besser als Opfer.

Das christliche Gebot der Nächstenliebe zu leben ist besser als singen und beten in der Kirche, ohne diese Liebe in die Tat umzusetzen. Doch innerhalb dieser Geschichte ist das Wort *Gehorsam ist besser als Opfer* unerträglich. Unerträglich auch die Internetpredigt «Gott duldet keine Kompromisse». Saul hat einen Kompromiss gemacht und nicht alle und jeden umgebracht. Deshalb hat ihn Gott verworfen. *Das ist nicht der Gott von Jesus Christus.* Das ist der Gott gemäss dem damaligen Verständnis von Samuel.

Der Prophet Samuel tadelt Saul, weil er nicht alle ermordet hat. Und dieser bereut sogar, dass er das nicht getan hat und folglich Gott ungehorsam war. Das ist eine andere Glaubensstufe als unsere.

Da sprach Saul zu Samuel: Ich habe gesündigt, weil ich den Befehl des Herrn und deine Worte übertreten habe; denn ich fürchtete das Volk, und so willfahrte ich ihnen. Nun aber, vergib mir meine Sünde und kehre mit mir um, dass ich den Herrn anbete. Samuel sprach zu Saul: Ich kehre nicht mit dir um, weil du das Wort des Herrn verworfen, dass du nicht mehr König seiest über

Israel. Und Samuel wandte sich zum Gehen. Da ergriff
Saul den Zipfel seines Mantels, dass er abriss. Da sprach
Samuel zu ihm: Der Herr reisst heute das Königtum
über Israel von dir und wird es einem anderen geben,
der besser ist als du.

Würde Jesus zu solchen Schlächtereien eingewilligt haben für etwas, das die Vorfahren eines Volkes fünfhundert Jahre zuvor getan haben? NIE! Das ist das alte Verständnis von Gott und dem Glauben, wir haben ein anderes Verständnis. Das alte Verständnis ist der alte Bund, wir gehören zu dem neuen Bund. Nach dem alten Verständnis will der Gott Samuels Saul diese sogenannte Sünde nicht einmal vergeben, obwohl Saul seine Sünde bekennt. Das ist nicht das Bild, das Jesus von Gott hat.

Ein wunderbares Wort in den Zehn Geboten sagt:

Du sollst dir kein Bildnis machen von Gott.

Aber ohne Bilder und Vorstellungen von Gott geht es nun einmal nicht. Wir sollen diese Bilder jedoch nicht für alle Zeit und Ewigkeit fixieren. Sie wandeln sich.

Gott als diktatorischer König, Gott als Scharfrichter, und wir als seine Henker – genau das ist das Bild in 1. Samuel 15. Nein, danke!

Gott als guter Hirte, dieses Bild ist auch heute noch brauchbar, auch wenn wir keine Herden besitzen.

Gott als Vater; unser wunderbares Vaterunsergebet, das ist ein gutes Bild. Aber Gott ist doch auch Mutter! Und wer einen schlechten irdischen Vater hatte, kann selbst mit dem Vaterbild Gottes nichts anfangen.

Auch ein heute wichtiges Gottesbild kann Gott nicht erfassen: Gott als Urgrund des Seins, als Lebenskraft, als Energie. Das alles ist Gott zwar durchaus, aber er ist mehr als das. Eine Energie kann mich weder kennen noch lieben. Gott ist die Liebe, Gott ist das grosse wunderbare Du.

Wenn ich weiss, dass die Bibel ein Buch ist, deren Vorstellungen und Bilder sich bis auf den heutigen Tag entwickeln, brauche ich an Stellen wie 1. Samuel 15 nicht zu verzweifeln.

Ob ihr es glaubt oder nicht, in 1. Samuel 15 spricht Gott zu mir – trotz allem.

Die Namen in der Bibel enthalten immer eine Botschaft. Dass ich Marcel heisse und andere Hanspeter oder Erna oder Brigitta, hat keine heilsgeschichtliche Bedeutung. In der Bibel ist das anders. Da könnte man fast über jeden Namen eine Predigt halten.

Saul, sagen die Sprachforscher, heisst *der Erbetene*. Die Juden hatten ja einen König erbeten. Schon die Gewährung dieser Bitte ist eine Weiterentwicklung der Bibel. Ursprünglich war es ihnen streng verboten, einen König zu haben. Heidnische Völker hatten einen König, aber für das auserwählte Volk, dessen König Gott selber war, war das nichts. Doch auf einmal geht es doch: Sie haben einen König. Ihr erster König ist dieser Saul aus unserem Predigttext. Aber mit diesem Saul geht es daneben, er wird verworfen, weil er nicht genug gemordet hat. Darum wird an Stelle des Verworfenen David König.

Aber die Bibel ist noch nicht zu Ende mit dem verworfenen Namen *Saul*. Im Neuen Testament gibt es einen Saul, der tatsächlich gemordet hat, und das in der vollen Überzeugung, er erfülle mit seinem Morden den Willen Gottes. Aus dem Saulus ist ein Paulus geworden, sagt man. Doch Paulus ist ganz einfach die griechisch-lateinische Form des Namens Saulus.

Und was mit Saulus-Paulus geschieht, ist jetzt wirklich unser Gott, der Gott von Jesus Christus. Der Christenmörder Saulus, der im Namen Gottes Christen verfolgt hat, wird auf einer seiner Mordreisen vom hohen Ross geholt. Seine alten Gottesvorstellungen werden zerschlagen und er wird der grösste Apostel. Nicht fehlerfrei, nicht unfehlbar, aber der grösste Apostel. Der erste König Saul wird verworfen, weil er die heidnischen Amalekiter, die den Juden nicht wohlgesinnt waren, nicht alle ermordet hat, und der Saulus-Paulus wird ausgerechnet zu den Völkern geschickt, die wie die Amalekiter Heiden sind – und die Römer haben die Juden genauso bedrängt wie die Amalekiter. Ihnen wird durch Saulus-Paulus die Liebe Gottes gebracht. Ich staune über diesen Gott, dem es gelingt, sich den Völkern immer besser und tiefer zu offenbaren, der aber ein Geheimnis bleibt. Ich staune auch über die Bibel, über ihre Entwicklung. Ich lese die schreckliche Geschichte von der Verwerfung Sauls aus dem Blickwinkel der Geschichte von Saulus-Paulus und ich sage: Was für einen erstaunlichen Gott haben wir, und was für ein tolles menschlich-göttliches Buch ist die Heilige Schrift. Amen.

***

Liebe Leserinnen und Leser,

Danke, dass ihr die Wiederholungen als Vertiefung genommen habt. Nun fahren wir weiter mit der Geschichte Israels.

Die Geschichte Israels vom Tempelbau bis zum babylonischen Exil

Pläne für den Tempelbau hatte bereits David. Es war ihm jedoch nicht vergönnt, das Werk voranzutreiben. Er suchte nach einer Erklärung. Das alte Gottesbild des brutalen militärischen Gottes befand sich offenbar bereits in Auflösung zugunsten des Bildes eines weniger kriegerischen Gottes, vor allem bei David, der Gott von ganzem Herzen liebte.

David rief seinen Sohn Salomo zu sich und gebot ihm, dem Herrn, dem Gott Israels ein Haus zu bauen. Und David sprach zu Salomo: Mein Sohn, ich hatte selbst im Sinne, dem Namen des Herrn, meines Gottes, ein Haus zu bauen; aber da erging an mich das Wort des Herrn: Du hast viel Blut vergossen und grosse Kriege geführt; du darfst meinem Namen kein Haus bauen, weil die Erde vor meinen Augen so viel Blut hat trinken müssen, das du vergossen hast. Siehe, ein Sohn wird dir geboren werden, der wird ein Mann der Ruhe sein, und ich will ihm Ruhe schaffen von all seinen Feinden ringsumher; denn er soll Salomo heissen – das heisst Frieden. Er soll mir Sohn sein, und ich will ihm Vater sein, und ich will den Thron seiner Herrschaft über Israel auf ewig befestigen. (1. Chr. 22,7ff.)

Das Reich Salomos gilt als ein Reich des Friedens und des Wohlstandes. Anstatt durch Kriege brachte der Sohn Davids das Land durch Handelsverträge mit dem Ausland zum Blühen. Die Verträge wurden oft mit einer dynastischen Hochzeit besiegelt. Salomo war mit vielen Königen durch Ehefrauen verbunden: Er war mit 700 Hauptfrauen und 300 Nebenfrauen verheiratet. Diese Haushaltung förderte jedoch nicht nur den Handel, sie verschlang auch viel Geld. Im Süden konnte man sich an den rauschenden Festen zwar mitfreuen, doch im weiter entlegenen Norden spürte man vor allem die Steuerlast.

Im Jahr 926 v. Chr. nach biblischer Zählung starb Salomo. Der Plan seines Sohnes Rehabeam, sich im Norden, in Sichem, als König über das ganze Land krönen zu lassen, wäre eigentlich eine gute Entscheidung gewesen, wäre da nicht Jerobeam, ein nach Ägypten geflohener Kritiker der königlichen Steuerpolitik, aus dem Exil zurückgekehrt. Er wurde Anführer der Adeligen aus dem Norden, die mit einer Bitte um Steuererleichterung an die Krönung Rehabeams nach Sichem gekommen waren. Rehabeam hasste diesen Anführer. Zum Entsetzen seiner Ratgeber lautete seine Antwort: *Mein kleiner Finger ist dicker als meines Vaters Geschlechtsteil. Nun wohl, hat mein Vater euch ein schweres Joch aufgeladen, so will ich es noch schwerer machen; hat mein Vater euch mit Geisseln gezüchtigt, so will ich euch mit Skorpionen züchtigen.* (1. Kön. 12,10-12)

Das Geschlechtsteil symbolisiert männliche Macht. Man kann in Berufung auf das männliche Machtstück einen Schwur ablegen, aber wer mit der Grösse seines Geschlechtsteils prahlt, will seine Untergebenen in Angst und Schrecken versetzen; und es ist auf jeden Fall Sprache unter der Gürtellinie. Der Ausspruch Rehabeams war nicht nur Zurückweisung einer berechtigten Bitte, sondern eine unglaubliche Beleidigung. Rehabeam befand sich auf dem Gebiet der Zurückgewiesenen und Beleidigten. Die aufgebrachte Bevölkerung schlug zu. Sie brachte noch am selben Tag den Steuereinzieher um. Rehabeam entging der Ermordung durch Flucht in den Süden mit knapper Not. Der Norden rief den Oppositionsführer Jerobeam als König aus. Das Reich Davids war auseinandergebrochen.

Die Geschichten des Davidreiches, seiner Blütezeit unter Salomo, gefolgt vom Zusammenbruch und der Entstehung von zwei Staaten mit dem grösseren Nordreich, stehen im Buch der Könige. Nun gibt es aber auch noch die beiden Chronikbücher.

Eine Stimme aus dem Leserkreis

«Oh, die Chronikbücher können wir überspringen; das sind doch noch einmal genau dieselben Königsgeschichten, nur viel langweiliger geschrieben. Diese Repetition können wir weder den Bibel-Gelangweilten noch den Bibel-Verächtern zumuten. Ich habe keine Ahnung, was der Heilige Geist sich dabei gedacht hat, eine derartige Repetition zu bringen.»

Ich staune. Es ist ausgerechnet eine Biblizistin, die es wagt, so ablehnend über ein Buch der Bibel zu sprechen. «In den ersten beiden ewig langen Kapiteln des ersten Chronikbuches stehen nur Namen, lauter schwierige hebräische Namen, die man kaum aussprechen kann», fährt sie fort, «nicht enden wollende Geschlechtsregister.» – «Die Chronikbücher sind im Gegensatz zu den Königsbüchern in der Tat kein Kriminalroman», gebe ich zu. «Sie wurden ja auch nicht in derselben Zeit geschrieben, und schon gar nicht für dieselben Leute.» Jetzt schauen mich alle verblüfft an.

Die Königsbücher wurden zu Beginn des Exils geschrieben. Die Exilierten brauchten eine Erklärung, warum zuerst das Nordreich zu existieren aufgehört hatte und warum später auch die führenden Kräfte aus Politik und Wirtschaft aus dem Südreich Juda exiliert wurden. Diese Erklärung lautete: «Das geschah als Strafe für die moralische Verwerflichkeit der Könige, wegen ihrer Abgötterei.» Deshalb werden in den Königsbüchern die Verfehlungen der Könige und des Volkes geradezu krimihaft ausgemalt. Die grosse Weisheit Salomos, die Gottes Geschenk war, wird in Kontrast gesetzt zu seiner noch viel grösseren politischen Dummheit. Die Exilierten sollten erkennen, dass von sündigen Menschen auch die grössten Geschenke Gottes in ihr Gegenteil verdreht werden können, was furchtbare Folgen hat. Ein absoluter Kriminalfall in den Königsbüchern ist Königin Athalja, die einzige Frau auf dem Thron des Südreichs. Sie war die Tochter des götzenanbetenden Königs aus dem Norden und hatte König Joram aus Juda geheiratet. Die beiden hatten einen einzigen Sohn,

Ahasja, der an seines Vaters statt König wurde, nachdem dieser im Krieg gefallen war. Ahasja kam jedoch bald bei einem Anschlag ums Leben. Seine Mutter Athalja riss die Königsherrschaft an sich. Sie ermordete sämtliche Nachkommen Davids, um sicherzugehen, dass ihre Herrschaft von dieser Seite nicht gefährdet würde. Einzig ein kleiner Junge, Joas, konnte durch einen Priester gerettet und im Tempel versteckt werden. Athalja war eine blutige Königin, unter der die Bevölkerung zu leiden hatte. Nach sechs Jahre dauernder Herrschaft gelang es schliesslich, diese blutige Königin zu stürzen und hinzurichten und Joas auf den Thron Davids zu setzen.

In den Königsbüchern reiht sich ein Kriminalfall an den andern, bewusst dramatisch ausgemalt. Der häufigste Satz, der in diesen Büchern vorkommt, lautet: *Es missfiel Gott.* Die Chronikbücher hingegen richten sich an die nächste und übernächste Generation. Nach siebzig Jahren Exil hatten viele Juden die Lust verloren, in ein für sie unbekanntes Judäa zurückzukehren. Die Priester mussten sie mit einer besonderen Schrift motivieren. Man brauchte also eine positive Schilderung der Geschichte Israels. Von David und Batseba und ähnlichen Gewalttaten ist in den Chronikbüchern deshalb nicht die Rede. Da steht nichts von den Familientragödien, nichts von Absalom, der seinen Vater vom Thron stürzen wollte und gegen ihn Krieg führte. Auch Salomo steht in einem besseren Licht da als in den Königsbüchern, obwohl seine politische Fehleinschätzung dem Norden gegenüber nicht verschwiegen wird. Könige, von denen es überhaupt nichts Gutes zu berichten gab, kommen in den Chronikbüchern gar nicht erst vor. Und es geht um das Südreich, um Juda; das Nordreich findet kaum Erwähnung. Es wurden ja schliesslich deportierte Juden aufgefordert, wieder zurückzukehren, nicht Leute aus dem Norden, die sich in der Völkerwelt aufgelöst hatten. Im Exil war die Hoffnung auf einen künftigen Messias aus dem Davidhaus stark geworden. Juden, denen es in Babylon mittlerweile wirtschaftlich gut ging, konnten nur noch über den Glauben an den Messias und an die Gegenwart Gottes in einem wiederaufzubauenden

Tempel in Jerusalem zu einer Rückkehr motiviert werden. Die Chronikbücher sind somit eine Propagandaschrift für die Heimkehr in das verheissende Land. Darum schliesst die zweite Chronik mit der Aufforderung: *Wer zum Volke Gottes gehört, der breche auf.*

Die zwei Staaten

Das Nordreich Israel/Samarien

Jerobeam regierte von 926-907 v. Chr. Im Süden herrschten weiterhin die Davididen, während im Norden die Herrscherfamilien infolge von Staatsstreichen immer wieder wechselten. Das Nordreich erwies sich allerdings trotz wechselnder Dynastien zunächst als das stärkere Reich. Zeitweise war Juda ein Vasallenstaat des Nordens. Laut orientalischen Quellen erlebte Israel/Samarien unter Ahab und seiner Frau Isebel eine eigentliche Blütezeit. Als Anhänger des Baalskults fällt die Bibel jedoch ein niederschmetterndes Urteil über den grossen König. Zwischen Isebel und dem Propheten Elia finden dramatische Auseinandersetzungen statt, die mit der Niedermetzelung der Baalspropheten durch Elia enden. 722/721 v. Chr. wird das Nordreich durch die assyrischen Könige Salmanassar V. und Sargon II. zerschlagen und die Bevölkerung bis auf wenige Überreste ins Exil geführt. Die nicht exilierten Leute aus dem ehemaligen Nordreich sind im Neuen Testament die Samaritaner, die in den Augen der Juden Falschgläubige sind. Die Spuren der verschleppten Adeligen und Bildungsträger verlieren sich in der Völkerwelt; man spricht von den verlorenen Stämmen Israels.

Das Verschwinden der zehn Stämme führte bei den Mormonen zu einer neuen, historisch allerdings völlig unbegründeten Mythenbildung: Die zehn Stämme sollen die indigene Bevölkerung Amerikas sein. Auch in Amerika hielten sie sich wie schon in der alten Heimat an fremde Götter, sodass Gott sie bestrafte, indem er ihre Hautfarbe änderte. Jesus Christus soll nach seiner Auferstehung bei ihnen erschienen sein, um ihnen genau das zu verkünden, was er vorher in Galiläa und Jerusalem verkündet hatte.

Das Südreich Juda – Die Zeit der grossen Propheten

Das kleine Südreich konnte sich länger halten als das grosse Nordreich, das ausgelöscht worden war. Doch von Unabhängigkeit kann auch für Juda nicht mehr die Rede sein. Juda war zum Spielball der Nationen geworden. Die Zeit des Hin- und Hergeworfen-Werdens war jedoch eine Zeit der glaubensmässigen Weiterentwicklung. Erst jetzt begann sich das zu konsolidieren, was Heilige Schrift genannt wird, aber zunächst noch nicht in einen starren Bibelglauben mündete, sondern in der freien Prophetenrede ihren schönsten Ausdruck fand. Wir befinden uns in der Zeit der grossen Propheten.

Da mein Buch eine Hilfe für diejenigen sein soll, welche die Bibel lesen und verstehen wollen, ist es nötig, eine Zwischenbemerkung über die Propheten und Prophetenbücher einzuflechten.

In den beiden Samuelbüchern wird Samuel gelegentlich Prophet oder Seher genannt, aber eigentlich trifft auf ihn die Bezeichnung Prophet nicht zu. Die Samuelbücher bilden kategorienmässig eine Fortsetzung des Buchs der Richter. Samuel ist gleichsam der letzte Richter vor der Zeit der Könige. In die Sammlung prophetischer Bücher aufgenommen wurden dagegen das recht umfangreiche Buch Daniel sowie das Büchlein Jona. Die jüdischen Gelehrten in der Zeit der Zusammenstellung der Heiligen Schriften wollten für diese beiden Bücher offenbar nicht eine neue Kategorie eröffnen und so brachten sie Jona und Daniel in der Sammlung der vier grossen und zwölf kleinen Propheten unter.

Das Jonabüchlein enthält keine prophetischen Reden oder Predigten; es besteht aus Prophetengeschichten ähnlich den mythologischen Wundergeschichten von Elia und Elisa. Es gibt in der hebräischen Bibel drei mythologische Tiere. Neben der sprechenden Schlange im Paradies und dem ebenfalls sprechenden Esel

Bileams ist der grosse Fisch, der Jona verschlingt und im Fischbauch wohlbehalten nach Ninive trägt das dritte mythologische Tier.

Das umfangreiche Danielbuch gehört wie das neutestamentliche Buch der Offenbarung zur Gattung der apokalyptischen Literatur und behandelt den Untergang der Welt in Traumdeutungsform. Apokalyptische Schriften – oder heute auch Science-Fiction-Filme – entstehen in Zeiten der Angst und Unsicherheit. Biblische Apokalypse deutet die Zukunft aus den Katastrophen der Vergangenheit und die Gegenwart aus der Zukunft. Das Danielbuch wurde in der hellenistischen Zeit verfasst; die grossen Reiche Assyrien, Babylon und Persien waren bereits untergegangen. Daniel wird geschildert als ein Mann aus der Exilzeit, der dem babylonischen König Nebukadnezar den Traum des zerbrechenden Standbilds als untergehende Weltreiche deutet. Jesus war sehr stark von den Daniel-Visionen geprägt; er identifizierte sich mit dem Menschensohn aus dem Danielbuch.

Von den grossen Propheten Jesaja, Jeremia und Hesekiel, aber auch von den kleineren Propheten bestehen Schriften, deren Inhalte nicht mythologisch, sondern historisch präzis die Ereignisse aus der Zeit wiedergeben, in denen sie als Propheten wirkten. In ihrer Zeit waren die Hebräer endgültig monotheistische Juden geworden. Ihr Gott war der Gott aller Völker, der nicht einfach auf der Seite der Judäer mit seinen himmlischen Heerscharen eingriff, sondern selbst fremde Herrscher als seine Diener betrachtete, auch wenn diese nicht an ihn glaubten. Er war zwar nach wie vor ein strafender Gott, doch bestrafte er im Gegensatz zu den Samuelbüchern nicht kultische Sünden wie falsch vollzogenes Opfer oder das verbotene Berühren der Bundeslade, sondern Ungerechtigkeiten, wenn Priester und Könige korrupt waren und sich an den Armen bereicherten. Die Prophetenbücher sind ein Schrei für soziale Gerechtigkeit. Eine eindrückliche poetische Drohrede findet sich in Jesaja 5:

Singen will ich von meinem Freunde, das Lied meines Freundes von seinem Weinberg. Mein Freund hatte einen Weinberg auf fetter Bergeshöhe. Den grub er um und säuberte ihn von Steinen und bepflanzte ihn mit edlen Reben. Er baute einen Turm in seiner Mitte, auch eine Kelter hieb er darin aus. Und er hoffte, dass er edle Trauben brächte, doch er brachte saure Beeren. Nun, ihr Bürger Jerusalems und ihr Männer von Juda, richtet zwischen mir und meinem Weinberg! Was war noch zu tun an meinem Weinberg, und ich tat es nicht? Warum hoffte ich, dass er edle Trauben brächte, und er brachte saure Beeren? Nun, so will ich euch kundtun, was ich meinem Weinberg tun will: Ich will seinen Zaun entfernen, dass er abgeweidet, und seine Mauer einreissen, dass er zertreten werde. Ich will ihm den Garaus machen: nicht beschnitten soll er werden noch behackt, in Dornen und Disteln soll er aufgehen; und den Wolken will ich verbieten, auf ihn zu regnen. Denn der Weinberg des Herrn der Heerscharen ist das Haus Israel und die Männer Judas sind seine Lieblingspflanzung. Er hoffte auf Guttat, und siehe da Bluttat, auf Rechtsspruch, und siehe da Rechtsbruch.

Für die grossen Propheten wäre es undenkbar, einen Saul zu verwerfen, weil er ein Opfer selber vollzogen hatte, anstatt auf Samuel zu warten, der sich verspätet hatte (1. Sam. 13,17).

Was soll mir die Menge eurer Schlachtopfer?, spricht der Herr. Satt habe ich die Brandopfer von Widdern und das Fett der Mastkälber, und das Blut der Stiere und Lämmer und Böcke mag ich nicht. ... Bringet nicht mehr unnütze Gaben – ein Gräuelopfer ist es mir. ... Und wenn ihr noch so viel betet, ich höre es nicht. Mir aus den Augen. Eure Hände sind voll Blut. Trachtet nach Recht, weiset in Schranken den Gewalttätigen;

helfet der Waise zu ihrem Recht, führet die Sache der
Witwe. (Jes. 1,11ff.)

Die Propheten tadelten die Könige für ihre falsche Bündnispolitik. Juda war ein Vasallenstaat der Babylonier. Die Könige dachten, wenn sie sich mit Ägypten verbünden würden, könnten sie das fremde Joch abschütteln. Die Propheten als Realpolitiker wussten, dass das nicht gelingen würde. Anstatt dass die Juden das Vasallenjoch abschütteln könnten, würde die falsche Politik vielmehr die Babylonier veranlassen, Juda genauso zu zerstören, wie die Assyrer das Nordreich vernichtet hatten. Mit der falschen Aussenpolitik würden auch alle Opfer, Gesänge und Gebete nichts nützen, nur eine Haltung der Gerechtigkeit und des Schutzes der Schwachen könnte die Hand Gottes bewegen.

> *Was soll mir der Weihrauch aus Saba, das Würzrohr*
> *aus fernem Lande? Eure Brandopfer gefallen mir nicht.*
> *… Darum spricht der Herr also: Siehe, ich lege diesem*
> *Volk Steine in den Weg, dass daran sich stossen und*
> *straucheln die Väter mitsamt den Söhnen. So spricht der*
> *Herr: Siehe, ein Volk kommt aus dem Lande des Nordens, in gewaltigen Scharen erhebt es sich von den Enden der Erde. Bogen und Wurfspiess führt es; hart ist es*
> *und ohne Erbarmen. … Entsetzen ringsum! Gürte das*
> *Trauergewand um, Tochter meines Volkes, wälze dich*
> *in der Asche. … Denn jählings kommt über uns der*
> *Verwüster.* (Jer. 6,20ff.)

> *Denn an Liebe habe ich Wohlgefallen, nicht an*
> *Schlachtopfern, und an Gotteserkenntnis mehr als an*
> *Brandopfern.* (Hos. 6,6)

Das Unheil, vor dem die Propheten warnen, ist aber nicht ein Unheil, das unabwendbar über das Volk kommen muss. Die Propheten sagen: «Die Katastrophe wird über euch hereinbrechen, wenn ihr euch nicht ändert. Wenn ihr euch aber ändert, trifft sie nicht ein.» Man könnte ihre Warnungen mit den Warnungen vor der drohenden Klimakatastrophe vergleichen. Beten, dass die Gletscher und das arktische Eis nicht schmelzen mögen, nützt nichts, aber nützen würde in der Tat eine Änderung unserer Lebensweise. Wenn wir uns nicht ändern, kommt die ganz grosse Klimakatastrophe. Das sagt die heutige wissenschaftliche Prophetie mit aller Deutlichkeit.

Für die Propheten gab es ein Reden vor der Katastrophe und ein Reden in und nach der Katastrophe. Vor der Katastrophe haben sie gewarnt und gedroht, in und nach der Katastrophe haben sie getröstet.

> *Tröstet, tröstet mein Volk!, spricht euer Gott. Redet Jerusalem zu Herzen, und rufet ihr zu, dass ihr Frondienst vollendet, dass ihre Schuld bezahlt ist. ... Erhebe mit Macht deine Stimme, du Freudenbotin Jerusalem! Erhebe sie ohne Furcht! Sprich zu den Städten Judas: Siehe da, euer Gott.* (Jes. 40,1ff.)

Die Propheten verkünden mitten in der Katastrophe, dass die Not dazu führen wird, dass ein Mensch mit einem neuen Geist und einem neuen Herzen entstehen wird.

> *Ich werde ihnen ein anderes Herz geben und einen neuen Geist in ihr Inneres legen; ich werde das steinerne Herz aus ihrem Leibe herausnehmen und ihnen ein fleischernes Herz geben.* (Hes. 11,19)

Zunächst jedoch trat tatsächlich die angekündigte Katastrophe ein. Der bei den Babyloniern steuerpflichtige Davidkönig Zedekia hatte nicht auf die Propheten gehört. Trotz Warnungen verbündete er sich mit den Ägyptern gegen die Babylonier und stellte die Zahlungen an die Babylonier ein; die Priester und Adeligen bereicherten sich weiterhin schamlos an den Armen.

597 v. Chr. zieht der babylonische König Nebukadnezar gegen die Konkurrenzmacht Ägypten in den Krieg. Am 29. Juli 587 verwüstet er Jerusalem und zerstört den Tempel. Alle Adeligen,

Gebildeten und Wirtschaftsleute lässt er nach Babylon in den Frondienst ziehen. Das Letzte, was der Davidnachfolger Zedekia sehen darf, ist die Niedermetzelung seiner Söhne. Anschliessend werden ihm die Augen ausgebrannt und er kommt als Blinder mit ins Exil.

Zur Zeit des Exils ist der Monotheismus den Judäern endgültig in die Herzen gepflanzt. Sie besitzen Schriften, die es ihnen verbieten, so zu werden wie die übrigen Völker. Anders als die verlorenen Nordstämme bleiben sie daher als Volk erhalten. Zu ihrem Glauben gehört, dass sie ein Volk sind, das in sein heiliges Land und in seine heilige Stadt Jerusalem zurückkehren muss.

Im Jahr 539 v. Chr. erobert der Perserkönig Kyros Babylon und erlaubt den Judäern die Rückkehr. In Jesaja 45 hat Kyros geradezu die Stellung eines Messias (Messias heisst *der Gesalbte*).

So spricht der Herr zu Kyros, seinem Gesalbten: du, den ich bei der Rechten ergriffen, dass ich Völker vor dir niederwerfe und die Lenden von Königen entgürte, dass ich Türen vor dir auftue und dass Tore nicht geschlossen bleiben – ich will vor dir herziehen und Berge eben machen, will eherne Türen zerbrechen, und eiserne Riegel zerschlagen. Ich will dir verborgene Schätze geben und versteckte Reichtümer, damit du erkennest, dass ich es bin, der Herr, der dich bei deinem Namen gerufen, der Gott Israels. ... Ich habe dich gegürtet, ohne dass du mich kanntest, damit sie erkennen, vom Aufgang der Sonne bis zum Niedergang, dass keiner ist ausser mir. Ich, der Herr, und keiner sonst, der ich das Licht bilde und die Finsternis schaffe, der ich Heil wirke und Unheil schaffe, ich bin's, der Herr, der dies alles wirkt. Träufelt, ihr Himmel, von oben, und die Wolken sollen strömen von Recht! Die Erde tue sich auf, und es sprosse Heil, und Segen wachse zumal. Ich, der Herr, habe es geschaffen.

Wie es wohl meinen biblizistischen, bibelverachtenden und neugierigen Leserinnen und Lesern mit dieser Jesajastelle ergehen mag? Ob da nicht sogar der eine oder andere biblizistische Leser, die eine oder andere Leserin zugeben möchte, dass sich der Glaube und die Gottesbilder innerhalb der Heiligen Schrift verändert haben und es folglich auch heute tun dürfen? In dieser Jesajastelle tritt uns ein völlig anderer Gott entgegen als beim Seher Samuel, dessen Gott Saul befiehlt, alle Amalekiter abzuschlachten, Männer, Frauen, Kinder, Greise, Säuglinge und sogar alle Tiere. Vielleicht stellt sich auch bei den Bibel-Verächtern so etwas wie ein Staunen oder sogar eine heimliche Freude ein. Für Bibel-Freunde ist klar: Da ist Gott am Werk. Gott, der mit der ganzen Schöpfung beginnt, aber dann innerhalb der Schöpfung den Weg mit den Menschen gehen will. Selbst für Gott scheint aller Anfang schwer zu sein. Den Weg von allem Anfang an mit allen Menschen zu gehen, ist viel zu schwer. Also macht er einen Anfang mit einem kleinen Volk. Er schliesst mit diesem Volk einen Bund. Aber von diesem kleinen Volk aus will er schliesslich alle Menschen erreichen. Und so haben wir in Christus den Bund mit allen Menschen. Die Anhänger der drei abrahamitischen Religionen Judentum, Christentum und Islam bilden die Mehrheit der Weltbevölkerung. Wenn diese drei ihren sich immer wieder wandelnden Gott ernst nehmen würden – welch ein Segen könnte von der Drei-Religionen-Stadt Jerusalem ausgehen! Dann wäre Jerusalem endlich das, was sein Name bedeutet: eine Stadt des Friedens.

Hosea – der einzige grosse Prophet des Nordreichs

Elia und Elisa gehören zu den bekannten Gestalten in den biblischen Erzählungen. Elia taucht selbst im Neuen Testament auf. Aus der Erzählung, dass Elia in einem feurigen Wagen im Sturmwind in den Himmel gefahren sei (2. Kön. 2,1-16), entstand der Volksglaube, dass er gar nicht gestorben sei und als Vorläufer des Messias wiederkommen werde. Das Neue Testament sieht in Johannes dem Täufer ein Symbol für den wiedergekommenen Elia. Elia und sein Nachfolger Elisa lebten im Nordreich. Ihre mit Mythen verwobenen Taten fanden nicht Eingang in die Sammlung der klassischen Propheten, sondern finden sich in den Erzählungen der Königs- und Chronikbücher.

Hosea ist der einzige Prophet des Nordens, der zu den klassischen Propheten gezählt wird. Seine Wirkenszeit fällt in die Zeit des Nordkönigs Jerobeam II. (787-747 v. Chr.). Im Süden ist das die Zeit der Könige Usia und Hiskia.

Hosea hat seine Lebensgeschichte und prophetischen Aussprüche nicht selber aufgeschrieben; sie sind auf mündlichem Weg in den Süden gelangt und dort redigiert worden. Laut Redaktionstext hat Gott dem Propheten befohlen, eine Prostituierte zu heiraten, um so symbolisch darstellen zu können, was Gott mit seinem Volk erlebe. Der geschichtliche Hintergrund wird wohl eher der sein, dass Hosea eine Frau geheiratet hatte, die ihm untreu wurde und schliesslich sogar der Prostitution nachging. Hosea liebte diese Frau. Als er sie wegen ihrer Untreue und Tätigkeit verstiess, konnte er nicht aufhören, sie zu lieben, und so nahm er sie wieder auf, zunächst nur in sein Haus, nicht jedoch in sein Bett. Als sie dann aber seine Liebe erwiderte, nahm er auch die erotische Beziehung zu ihr wieder auf. Die Kinder der beiden haben dieses Liebesdrama voll miterlebt.

Hosea war ein Mann, der ganz und gar von Gott durchdrungen war – wie David, doch ohne dessen negative Seiten. Hosea war erfüllt von einer unerschütterlichen Liebe und Treue. Er wusste sich als Prophet berufen und er war auch ein Poet. Seine poetische Begabung und seine prophetische Kraft stellte er voll und ganz in den Dienst Gottes. Das Hoseabuch liest sich wie ein Roman über einen total verliebten Gott, der es nicht lassen kann, sein treuloses Volk immer weiter zu lieben. Gott verstösst sein Volk wie Hosea seine Frau in der Hoffnung, dass die Sehnsucht der Treulosen nach ihrem Mann und ihren Kindern in dieser Bedenkzeit wieder erwachen wird. Es ist der innige Wunsch dieses Gottes, mit seinem Volk wieder das Bett teilen zu dürfen.

Nun möchte ich vor allem die bibelgelangweilten Leserinnen und Leser herausfordern. Kann man einen solchen Liebesroman tatsächlich als langweilig empfinden? Vielleicht gehen jetzt sogar die Bibel-Verächter über die Bücher – wenigstens vorübergehend –, indem sie merken, dass ihr Herz warm wird.

Bei Hosea leuchtet bereits etwas von Jesus Christus auf: die Liebe Gottes, die bis zum Letzten geht, bis zum Tod am Kreuz.

Was wäre, wenn ...

Was wäre, wenn die Menschheit nicht von der Bibel geformt worden wäre? Was wäre eine Menschheit ohne Juden? Was wäre eine Menschheit ohne Christen? Was wäre eine Welt ohne Muslime? Denn auch die Muslime gehören zur Geschichte dieses einzigartigen Buches.

Für die Bibel-Verächter, die das Hosea-Liebesdrama schon wieder verdrängt haben, ist die Sache klar: Ohne die Bibel gäbe es keine Kriege. Nach Bibel-Verächter-Überzeugung sind sämtliche Kriege durch die Religionen ausgelöst worden. Sie weisen darauf hin, dass der Humanismus nicht nur biblische, sondern auch griechisch-römische Wurzeln hat. Juden, Christen, Muslime und wohl auch Hindus und Buddhisten sowie viele Atheisten machen ihrerseits darauf aufmerksam, dass der reine antik-griechisch-römische Humanismus jedenfalls ein anderer Humanismus wäre. Das Fundament unserer europäischen Humanität, Zivilisation und Wissenschaft ist die Symbiose zwischen biblischer Geisteshaltung und griechisch-römischer Kultur. Es gibt Historiker, die sagen, dass ohne die Kirche, die den Zusammenbruch des römischen Reiches überlebte, selbst die antik-griechischen Wurzeln des Humanismus verschwunden wären.

Ähnliches gilt für die Muslime: Ein Teil der altgriechischen Schriften mit philosophischen und naturwissenschaftlichen Erkenntnissen hat in die arabische Sprache übersetzt überlebt. Und wie hätte sich die heutige Wissenschaft ohne die arabischen Zahlen, die aus der muslimischen Kultur stammen, entwickeln können?

Die griechisch-römische Kultur kannte keinen Sonntag. Bibel-Verächter mögen dankbar zur Kenntnis nehmen, dass sie im Alter von siebzig Jahren dank dem Sabbatgebot auf zehn Jahre Ferien zurückblicken dürfen. Und was wäre aus Europa geworden ohne die christlichen Spitäler und Schulen?

Was wäre, wenn die Heilige Schrift verloren gegangen wäre? Oder wenn sie vernichtet worden wäre? Es gehört zur Geschichte der Bibel, dass beides beinahe geschehen wäre. Die Bibel selber berichtet von ihrem Beinah-Untergang.

Die vergessene und wiederentdeckte Bibel

Vgl. 2. Könige 22, 2. Chronik 34

Josia war der sechzehnte König in der Davidlinie. Er regierte von 640–609 v. Chr., König wurde er im Alter von acht Jahren. Selbstverständlich konnte er nicht ohne seine Ratgeber regieren, doch er entwickelte sich äusserst schnell zu einem äusserst selbständigen König. Die Thora, die Weisungen Gottes, kannte er nur vom Hören-Sagen, denn die Sammlung der Heiligen Schrift befand sich erst im Prozess der Entstehung. Aufgrund der polytheistischen Tendenzen seines Grossvaters Manasse waren bereits bestehende schriftlichen Aufzeichnungen vernichtet worden. Den Opfergottesdienst im Tempel dagegen hatte Manasse nie angetastet, denn mit Opfern konnte man sich die Gunst der Götter erwerben, auch die Gunst des sogenannt einzigen Gottes. Um den Unterhalt des Tempelgebäudes hatte sich Manasse jedoch nicht gekümmert. Das Gotteshaus wies bereits dramatische Zerfallserscheinungen auf. Josia war ein ausgesprochen gläubiger Jüngling. Im Alter von vierzehn Jahren organisierte er eine grosse Geldsammlung zur Renovation des Tempels. Bei der Renovation stiessen die Arbeiter auf eine Schriftrolle, die bei der Grundsteinsetzung des Tempels feierlich eingemauert worden war. Sie benachrichtigten den Priester Hilkia und dieser erstattete dem jungen König umgehend Bericht. Der gläubige Jüngling machte sich sogleich an die Entzifferung des Textes. Er war tief bewegt. In ganz Judäa hatte man sich nie mehr an solche göttlichen Weisungen gehalten. Josia brach in Tränen aus; er zerriss in einer Busshandlung seine Kleider und lud seine Untertanen zu einem Dank-, Buss- und Bettag nach Jerusalem ein. Es entstand eine Bewegung, die man mit der Reformation von Luther, Calvin und

Zwingli vergleichen kann, die ja ebenfalls durch eine Neuentdeckung der Heiligen Schrift möglich geworden war. In der Zeit Josias begann die Sammlung und Redaktion auch weiterer Texte zu einem Gesamtwerk, das allerdings erst im Exil seinen Abschluss fand.

Der König, der die Bibel verbrannte

Vgl. Jer. 36

Jeremia war der Sohn des Priesters Hilkia. Er erlebte die Schreckenszeit unter König Manasse, aber auch die Reform unter König Josia, die bereits unter dessen Sohn Jojakim wieder zerfiel. Er erlebte eine Berufung als Prophet, gegen die er sich zuerst wehrte; er wusste, dass er vor allem Unheil verkünden musste. Er geisselte die Bündnispolitik des Königs und beschwor Volk, Priester und König, unter dem Joch Babylons zu bleiben, da sonst nicht nur der Vasallenstaat Juda untergehen, sondern auch der Tempel in Schutt und Asche gelegt würde, was sich aber niemand vorstellen vorzustellen wagte. Der Glaube an den Tempel war viel zu stark. Der Tempel war der Wohnsitz des Herrn; Gott würde nie zulassen, dass sein Wohnsitz zerstört würde. Sollte man je einen Gedanken an irgendeine Katastrophe haben, brauchte man nur innerlich zu sagen: «Tempel des Herrn, Tempel des Herrn», dann war man sofort wieder optimistisch und wusste: «Klar schaffen wir es, das babylonische Joch abzuschütteln; die Ägypter sind schliesslich auch stark; und wir selber haben ja Gott; bei uns ist der Tempel.»

Ausgerechnet mitten im Tempel spricht der Prophet die Worte:

> *So spricht der Gott Israels: Bessert euren Wandel und eure Taten, so will ich euch an diesem Orte wohnen lassen. Verlasst euch nicht auf täuschende Worte wie diese: «Der Tempel des Herrn, der Tempel des Herrn, der Tempel des Herrn ist hier.»* (Jer. 7,3)

Diese prophetischen Reden Jeremias gelten den Priestern als Gotteslästerung und sind in den Augen des Königs Hochverrat. Der Prophet erhält Tempelverbot und muss mit seiner Verhaftung rechnen. Er entgeht mehreren Mordanschlägen. Da er sich in der Öffentlichkeit nicht mehr zeigen darf, diktiert er sein politisches Glaubensmanifest seinem Sekretär Baruch und schickt diesen zum Vortragen in den Tempel. Es entsteht grosse Aufregung. Die Fürsten Judas, die sich in Jerusalem zu einer Sitzung versammelt haben, werden von diesem Vorfall benachrichtigt. Da es Fürsten gibt, die Jeremias Bedenken wegen der Bündnispolitik des Königs teilen, lassen diese sich die Schriftrolle vorlesen. Sie bekommen es mit der Angst zu tun, denn mit der Fremdmacht Babylon ist nicht zu spassen.

Sie fragten Baruch: Sage uns doch, wie hast du alle diese Worte aufgeschrieben. Baruch antwortete ihnen: Jeremia selber hat mir alle diese Worte diktiert, während ich sie mit Tinte in das Buch schrieb. (Jer. 36,17ff.)

Sie fordern Baruch auf, sich mit Jeremia zu verstecken, denn sie wollen dem König diese Worte vorlesen. Es ist Winter; der König sitzt vor einem Kohlenfeuer und lässt sich die Worte von seinem Kanzler vorlesen. Er hört sich die lange Rede an. Er unterbricht sie lediglich, wenn der Kanzler am Ende eines Abschnitts angelangt ist. Bei jedem Abschnitt nimmt er sein Messer, schneidet das Vorgelesene aus der Schriftrolle, wirft es ins Feuer und sagt: «Weiterlesen!» Und dann beim nächsten Abschnitt wieder: ratsch, ins Feuer. Der König ändert seine Politik nicht. Die unangenehmen Stimmen, die seine Pläne stören, müssen zum Schweigen gebracht werden. Er lässt Jeremia und Baruch suchen, doch die Polizei findet die beiden nicht oder will sie vielleicht gar nicht finden. Jeremia und Baruch erfahren in ihrem Versteck, was der König mit der Schriftrolle gemacht hat. Jeremia diktiert seinem Sekretär dieselbe Botschaft aufs Neue, lässt ihn diesmal aber auch aufschreiben, dass der König die erste Schriftrolle verbrannt hat. Das Siegel, mit dem Baruch diesen erneuten Bericht versiegelte, ist in einem Museum in Israel erhalten geblieben. Bei diesen Bibeltexten sind wir mitten in den Ereignissen, wie sie sich zugetragen haben. Sie sind kein Mythos, sondern geschichtliche Tatsache.

Jeremia wird schliesslich in seinem Versteck gefunden und in einen Brunnen geworfen, wo er jedoch von Freunden gefunden und gerettet wird. Das angekündigte Schicksal nimmt seinen Lauf. Beim Untergang Jerusalems und der Zerstörung des Tempels wird Jeremia von einer Gruppe von Fliehenden nach Ägypten verschleppt. Aus Ägypten meldet er sich noch einmal bei den Exilierten in Babylon und fordert sie auf, sich im fremden Land nicht feindlich zu verhalten:

Suchet das Wohl des Landes, in das ich euch verbannt habe, spricht Gott der Herr, und betet für es zum Herrn; denn sein Wohl ist auch euer Wohl. (Jer. 29,7)

Die Geschichte Israels seit der Rückkehr aus dem babylonischen Exil bis zur endgültigen Vertreibung der Juden im Jahr 70 n. Chr. durch die Römer

Das babylonische Exil war für die jüdische Theologie eine äusserst fruchtbare Zeit. Da es keinen Tempel mit Opfergottesdienst mehr gab, spielten die Schrift und deren Auslegung eine immer wichtigere Rolle. Zunächst versammelten sich die Gläubigen für den Gottesdienst im Freien: *An den Strömen Babels sassen wir und weinten, wenn wir Zions gedachten, an die Weiden im Land hängten wir unsere Harfen.* (Ps. 137,1) Doch dann bauten sie Lehrhäuser; es entstanden die Synagogen. Die tieropferfreie Verehrung eines einzigen Gottes ohne Bilder und die Hartnäckigkeit, ihr Schicksal aus der Sicht Gottes zu betrachten, war für die «Gastgebernation» ein Novum; bei den einen erregte sie Bewunderung, bei den andern Ärger. Für die späteren griechischen Herrscher mit ihrem Zwiespalt zwischen einer recht primitiven Götterwelt einerseits und einer hoch entwickelten Philosophie andererseits wurde der jüdische Glaube philosophisch interessant. Er fand dort Anhänger, die nicht jüdischer Abstammung waren. Diese sogenannten Proselyten waren später das Sprungbrett für die Ausbreitung des christlichen Glaubens.

Auf das babylonische Reich folgten die Perser, die denjenigen Juden, die es wünschten, die Rückkehr nach Juda erlaubten. Die Bücher Esra und Nehemia schildern den Wiederaufbau Jerusalems und des Tempels. Es war ein Tempel ohne Bundeslade, denn diese war bei der Zerstörung des salomonischen Tempels ein Raub der Flammen geworden. Das Allerheiligste war ein leerer Raum, der vom Hauptraum durch einen Vorhang getrennt war. Dieser nun leere Raum sowie die im Land gebauten Synagogen erlaubten eine völlig neue Vorstellung von Gott. Er war nun ein Gott, der nicht an einen Ort gebunden war. *Stiege ich hinauf in den Himmel, so bist du dort; schlüge ich mein Lager in der Un-*

terwelt auf – auch da bist du. Nähme ich Flügel der Morgenröte und liese mich nieder zuäusserst am Meer, so würde auch dort deine Hand mich greifen und deine Rechte mich fassen. (Ps. 139,7ff.) Zu Beginn war der zweite Tempel ein bescheideneres Gebäude als das von Salomo gebaute Heiligtum. Das änderte sich unter dem Idumäerkönig Herodes dem Grossen, der das Zentralheiligtum in Jerusalem zu einem berühmten Prachtstempel ausbaute.

Auf die persische Herrschaft folgte die Herrschaft der Griechen, die zur Zeit Alexanders des Grossen für die Juden eine glückliche Zeit war. Bei der Aufteilung des grossen Reiches unter die Söhne Alexanders kam Juda unter griechisch-seleukidische Herrschaft. Je nach Geschichtsdeutung können die Makkabäerkriege als Aufstände gegen die Herrschaft der Seleukiden oder als Bürgerkriege bezeichnet werden, denn ein Teil der Bevölkerung hielt voll und ganz zu den Seleukiden. Im Tempel war der Opfergottesdienst wieder eingeführt worden, doch konnte die Schrifttheologie ihren festen Platz behaupten.

Israel erlebte in seiner Geschichte mehrere Herrschaftsformen: Die erste Regierungsform bei den zwölf Stämmen war die prophetische Herrschaft der Richter gewesen. Auf die Zeit der Richter folgte die Zeit der Könige, und nach dem Verlust der Unabhängigkeit hatten die Priester das Sagen. Zur Zeit Jesu waren die Nachfolger von Herodes dem Grossen nur noch Herrscher über Galiläa, ohne Königstitel; in Juda war der römische Statthalter zusammen mit den Priestern massgebend. Die drei Regierungsformen haben ihren Niederschlag im neutestamentlichen Hebräerbrief gefunden, wo Jesus Christus als König, Priester und Prophet dargestellt wird.

Im Jahr 65 v. Chr. eroberten die Römer Kleinasien. Ähnlich wie zuvor Jeremia warnte Jesus davor, das fremde Joch abzuschütteln, da ein Aufstand gegen die römische Herrschaft zur erneuten Zerstörung Jerusalems und des Tempels führen würde.

Die Leserinnen und Leser wird es erstaunen, wenn sie vernehmen, dass der Teufel im Alten Testament kaum vorkommt. Wichtig wurde diese Verkörperung des Bösen erst bei Jesus. Ihm ging es nicht darum, das römische Reich zu zerstören, sondern die Werke des Bösen. Gegen diesen unsichtbaren Feind kämpfte er. Bei menschlichen Feinden dagegen rief er zur Feindesliebe auf. Das faszinierte selbst viele Nichtjuden. Bibel-Verächter mögen zur Kenntnis nehmen, dass sich das Christentum dreihundert Jahre lang rasant ohne Gewalt ausbreitete. Erst durch Kaiser Konstantin, der das Christentum zur alleinigen Staatsreligion erklärte, wurden die Christen gewalttätig. Durch Anwendung von Gewalt wurden sie zu Verrätern ihres Herrn.

Die Juden hörten nicht auf Jesus. Sie erhoben sich gegen Rom und unterlagen. Im Jahr 70 wurden Jerusalem und der Tempel zerstört. Die Juden mussten das Heilige Land verlassen. Es wurde ihnen unter Todesstrafe untersagt zurückzukehren.

Die Entstehung des neuen Testaments

Die alttestamentlichen Propheten warnten das Volk immer wieder vor einer falschen Bündnispolitik und vor Aufständen. Der Staat Juda und der Tempel würden zerstört werden, wenn sie nicht auf die prophetischen Stimmen hören würden, mahnten sie immer wieder. Nur Hinwendung zu Gott und ein dem Glauben entsprechendes soziales Handeln könnten das Unheil abwenden. Dieselben Aussagen machte auch Jesus. Er verglich sich mit einer Henne, die ihre Jungen unter ihren Flügeln bergen will. Unter Tränen beklagte er, dass das Volk nicht auf ihn hören wollte (Mt. 23,37, Lk. 13,34). Die Folgen dieses Nicht-Hören-Wollens würden entsetzlich sein, warnte er; selbst beim Tempel werde kein Stein auf dem andern bleiben (Mt. 24,2, Mk. 13,2, Lk. 19,44, Lk. 21,6).

Forscher behaupten, dass die Verfasser der Evangelien Jesus diese prophetischen Worte in den Mund legten, nachdem die schrecklichen Ereignisse bereits eingetreten waren. Tatsache ist, dass die Evangelien erst nach der Zerstörung Jerusalems und des Tempels durch die Römer verfasst wurden, was aber keineswegs bedeutet, dass man Jesus diese Worte nachträglich in den Mund gelegt haben muss. Die Forscher zweifeln nicht an den Warnungen der alttestamentlichen Propheten. Warum tun sie das auf einmal bei Jesus? Dass nicht alles, was Jesus im Neuen Testament sagt, unbedingt von seiner historischen Person stammen muss, liegt auf der Hand. Die ersten Christen – und somit die Verfasser der Evangelien – wollten ja nicht einfach Worte der historischen Person Jesus wiedergeben; für sie hatte der auferstandene Christus nie aufgehört zu reden. Er spricht auch heute noch, nur verpacken wir das, was er im einundzwanzigsten Jahrhundert sagt, nicht mehr in die Ereignisse von vor zweitausend Jahren. In der zeitlichen Nähe zu den damaligen Ereignissen hingegen legten die Evangelisten sicher einiges von dem, was der ewige Christus sagte, ohne Weiteres dem irdischen Jesus in den Mund.

Rudolf Bultmann wurde durch seine Entmythologisierung des Neuen Testaments einer der wirkungsvollsten Theologen des zwanzigsten Jahrhunderts. Leute, die ihn persönlich kannten, schildern ihn als eine wohltuend inkonsequente Persönlichkeit. Was die Bibelauslegung betrifft, war er ein Rationalist, doch gleichzeitig war er offenbar ein inniger Beter und Gläubiger. Ich sage nicht, dass Bultmanns Entmythologisierung nie den Kern einer historischen Tatsache treffen kann, aber für mich ist Entmythologisierung eine falsche Bezeichnung für das, was dabei herauskommt. Für mich ist seine Methode eine Reprotokollisierung eines Tatbestands. Und wer kann denn schon nach zweitausend Jahren ein wahrheitsgetreues Protokoll über damalige Ereignisse herstellen? Die Forscher versuchen mit ihrer Reprotokollisierung das Bild eines historischen Jesus zu entwerfen. Der so entstehende historische Jesus hat dabei allerdings eine grössere Ähnlichkeit mit dem betreffenden Forscher als mit dem Jesus der Bibel. Ich vertraue mich lieber dem Jesus Christus des Glaubens der damaligen Christen an als dem Protokoll-Jesus von Forschern, die zweitausend Jahre später gelebt haben.

In meiner Studienzeit in Basel war ich dabei, als eine deutsche Studentin Karl Barth nach längerer aggressiver Rede schliesslich forsch fragte: «Herr Professor, wie stehen Sie zum historischen Jesus?» Der berühmte Theologe lächelte freundlich und antwortete mit einem einzigen banalen, aber treffenden Satz: «Ich kenne diesen Herrn nicht.»

Im Gegensatz zu der Dritten Welt, wo das Christentum stürmisch wächst, laufen den Kirchen in Europa die Leute davon. Das hat verschiedene Gründe und ist nicht immer die Schuld der Kirche, aber wenn der Christus des Glaubens zu einem Protokoll-Jesus der Priester, Pfarrer und Pfarrerinnen wird, leeren sich die Kirchen. Ich empfinde die biblizistische Theologie der pfingstlichen Freikirchen zwar als eine unmögliche Theologie, doch wer eine Pfingstkirche besucht, wird feststellen, dass die im Gottesdienst anwesenden Menschen voller Erwartung sind; sie erwarten etwas von diesem Jesus Christus. Was erwarten in den traditionellen europäischen Kirchen die wenigen Anwesenden von ihrem Protokoll-Jesus? Die historischen Kirchen gibt es seit zweitausend Jahren (die Kirchen der Reformation mitgerechnet), die Pfingstkirchen seit dem 3. April 1906, also seit erst hundert Jahren. In den 1970-er Jahren gehörten 5 Prozent der Christen zu einer Pfingstkirche, heute sind es bereits 26 Prozent. Wenn der Zuwachs so anhält, werden die Pfingstkirchen bis 2050 die katholische Kirche, die weltweit die grösste Kirchengemeinschaft ist, zahlenmässig überflügelt haben. Die Pfingstbewegung nimmt jeden Tag um 40 000 Menschen zu, vor allem in armen Ländern. Im Osten von Nigeria baut der Pfingstler Pastor David Ibiyeomie für seine Sonntagsgottesdienste eine Kathedrale – bzw. ein Auditorium –, die fünfmal grösser ist als der Petersdom in Rom. David Ibiyeomie predigt Sonntag für Sonntag vor hunderttausend Menschen. Das ist geradezu unheimlich. Kirche und Macht – damit haben wir schlechte Erfahrungen gemacht.

Die Bibelverächter nicken verständnisvoll.

In Afrika und Südamerika haben Pfingstler ganze Städte gegründet, in denen sie allein das Sagen haben.

In London habe ich einmal Benson Idahosa gehört, den ersten Erzbischof einer grossen nigerianischen Pfingstkirche. Seine Theologie fand ich schauderhaft, doch die Erwartung, die er in Jesus Christus hat, ist eindrücklich. Er setzt nur Männer als Pastoren ein, die erwiesenermassen schon einmal einen Toten ins Leben zurückgerufen haben. Das nenne ich Erwartung.

Ob es heute tatsächlich Totenauferweckungen gibt oder nicht, weiss ich nicht, doch ich neige dazu, es zu glauben. Eine glaubwürdig bezeugte Totenauferweckung war es jedenfalls, die vor zweitausend Jahren den Siegeszug des Christentums und die Entstehung des Neuen Testaments ausgelöst hat. Auch ungläubige Forscher müssen zugeben, dass sich das, was sie Auferstehungsmythos nennen und entmythologisieren wollen, nicht erst im

Verlauf von Jahrhunderten herausgebildet hat. Der Glaube an die Auferstehung Christi war von der Geburtsstunde des Christentums an fester Bestandteil und treibende Kraft der ersten Christen. Etwas muss sich ereignet haben, das diesen Glauben ausgelöst hat.

Wir wollen uns detektivisch durch die Texte tasten und überlegen, was dieses Etwas sein könnte.

Kein ernsthafter historischer Forscher zweifelt an der Tatsache, dass Jesus Christus gekreuzigt wurde. Es gab schon vor Jesus und auch nach ihm noch andere Männer, die mit dem Messiasglauben in Verbindung gebracht wurden. Doch dieser Glaube verschwand mit deren Hinrichtung und mit der Niederschlagung der Aufstände, die durch diese Messiasse ausgelöst worden waren. Der zu erwartende Messias wurde als mächtiger König gesehen, der wie David siegreich aus jeder Schlacht hervorgehen musste und nicht umgebracht werden konnte. Alle diese vermeintlichen Messiasse waren aber umgebracht worden; keiner von ihnen war der verheissene Messias. Und Jesus schon gar nicht, denn einer, der am Holz stirbt, ist ein von Gott Verfluchter (5. Mose 21,22-23). Die Jünger hatten mit der Kreuzigung Jesu nicht nur einen Menschen verloren, den sie geliebt hatten, sondern ihre ganze Glaubenswelt war zusammengebrochen. Sie hatten geglaubt, dass Jesus ein weltlicher König sein würde; sie sahen sich bereits als seine Vertrauten, Ratgeber und Minister. Mit der Kreuzigung war Jesus nicht nur kein Messias, sondern ein von Gott Verfluchter. Das war nicht gerade eine Motivation, als Missionar in die Welt hinauszugehen.

Mit einer Auferstehung rechneten die Jünger nicht. Sie versteckten sich vor der Polizei aus Angst, selber auch verhaftet und hingerichtet zu werden. Zum Grab gingen lediglich die Frauen. Ihnen als Zweitklassmenschen würden weder die Leute vom Tempel noch die Römer einen Aufstand zutrauen; sie durften sich gefahrlos zum Grab begeben. Sie taten ihren schweren Gang, um ein Totenritual zu vollziehen: die Salbung des Toten. Ein Totenritual begeht keiner, der an eine Auferstehung glaubt. Als sie im Dämmerlicht dem Auferstandenen begegneten, glaubten sie immer noch nicht, dass es Jesus war. Für Maria Magdalena war er der Friedhofgärtner, der den Leichnam fortgetragen hatte. Als die Frauen endlich begriffen, wer vor ihnen stand, freuten sie sich nicht; sie gerieten in Panik. Ihr Bericht wurde von den Jüngern mit Kopfschütteln entgegengenommen. Für sie waren das *Weibermärchen* (Lk. 24,11). Schliesslich gingen dann doch Petrus und Johannes zum Grab. Sie fanden es leer bis auf einen Haufen Tücher, die sehr seltsam dalagen. Petrus wurde aus diesen Tüchern nicht klug. Johannes dagegen sah die Tücher und glaubte (Joh. 20,8). Wie kann man Totentücher anschauen und glauben? Die Tücher waren nicht auseinandergestrampelt worden. Es war, als ob der Tote sich entmaterialisiert hätte, sodass die Tücher einfach in sich zusammengesunken waren. Es braucht ziemlich viel Fantasie, um eine solche Geschichte zu erfinden; sie klingt nach einem echten Erlebnis. Sie zeigt aber auch, dass nicht eine Wiederbelebung des Leichnams stattgefunden hatte, sondern seine Verwandlung. Als der Auferstandene später den Jüngern erschien, brauchten sie ihm nicht die Türe zu öffnen, er stand plötzlich einfach da.

Ein weiterer Hinweis darauf, dass es hier um ein dramatisches Ereignis ging, das alles veränderte, ist das Verhalten der leiblichen Geschwister Jesu. Als ihr Bruder mit seiner Tätigkeit als Wanderprediger anfing, hielt seine Familie ihn für verrückt. Sein Wahnsinn würde ihn in den Tod treiben, befürchteten sie, denn einen Messias konnten die Römer nicht gewähren lassen. Die Geschwister und die Mutter wollten den *Verrückten* nach Hause zurückholen (Mk. 3,21). Und nun, nach der Kreuzigung, glaubten sie auf einmal an ihn! Sie hatten eine Auferstehungserfahrung gemacht.

Auffällig ist auch, dass der Glaube an die Auferstehung nicht einfach irgendwo seinen Anfang nahm, sondern ausgerechnet in Jerusalem, wo Jesus gekreuzigt und an einer bekannten Stelle zur letzten Ruhe gelegt worden war. Diesen Glauben hätte man in

Jerusalem in seinen Anfängen erschüttern können, wenn man den Leuten, die etwas derart Absurdes glaubten, den Leichnam Jesu hätte zeigen können. Dieser war jedoch unauffindbar. Im neunzehnten Jahrhundert gab es die verschiedensten Versuche, das Verschwinden des Leichnams zu erklären. Dass der Leichnam gestohlen worden sei, ist der wohl bekannteste; Spuren davon findet man sogar im neuen Testament. Das Absurdeste ist die Erklärung, Jesus habe die Kreuzigung überlebt und sich dann aus dem Staub gemacht. Man stelle sich das konkret vor: Einer, der die Kreuzigung überlebt hat, aber trotzdem mehr tot als lebendig ist, hat die Kraft, den Stein vom Grab zu wälzen und zu Fuss nach Galiläa zu gehen. Und als einer, der anschliessend für den Rest des Lebens ein Invalider hätte sein müssen, überzeugt der Dreiviertel-Tote seine ohnehin entmutigten Anhänger davon, er habe die Macht des Todes ein für alle Mal gebrochen. Das ist eine geradezu lachhafte Erklärung!

Auch der Koran versucht auf seine Weise zu verstehen, wie Jesus nach der Kreuzigung gesehen werden konnte, und kommt zum Schluss, dass es gar nicht Jesus war, der gekreuzigt worden war, sondern ein anderer Mann, der ihm ähnlich sah. Jesus selber wurde zu Gott erhoben (Sure 4,157-158). Wie im Christentum wird auch nach muslimischem Glauben Jesus am Ende der Welt sichtbar wiederkommen.

Der Gekreuzigte, der Auferstandene – das und nichts anderes ist die zentrale Botschaft des Neuen Testamentes.

Das Neue Testament besteht aus vier Teilen:
- vier Evangelien
- Apostelgeschichte
- Briefe des Paulus und andere Briefe
- Offenbarung des Johannes

Die Briefe

Jesus wollte weder eine neue Religion stiften noch eine Kirche gründen. Die Worte *Petrus, auf diesen Felsen will ich meine Kirche bauen* (Mt. 16,18) sind Worte des Christus des Glaubens, der durch den Heiligen Geist weiterhin zu Menschen sprach, die durch ihn neu geworden waren. Jesus war Jude, allerdings ein Jude, der wusste, dass sein himmlischer Vater der Schöpfer des Himmels und der Erde und der Gott aller Menschen ist, die – so hatten es die Propheten gesagt – zu dieser Erkenntnis in Bälde gelangen würden. Dass solches geschehen könnte, das war der Auftrag der Jünger. Eile war geboten; es herrschte Weltuntergangsstimmung. Die sichtbaren Erscheinungen Christi hatten aufgehört, das Zeitalter des Heiligen Geistes war angebrochen. Es würde nur kurz dauern; Christus würde sichtbar wiederkommen. Ein Neues Testament gab es nicht. Niemand war der Meinung, dass die hebräische Bibel, die zum festen Glauben der Juden gehörte, eine Fortsetzung haben müsste. Die Christusgläubigen sammelten sich in Gemeinden; sie suchten gemeinsam in der hebräischen Bibel nach Stellen, die auf Christus hinwiesen. Wenn die Apostel weggegangen waren, ergaben sich Fragen, die in Briefen verschickt wurden und nach schriftlicher Antwort verlangten. Von den Antwortbriefen wurden Kopien hergestellt und auch an andere Gemeinden weitergeleitet, die ähnliche Fragen hatten. Niemand hatte eine Ahnung, dass diese Briefe eines Tages zu einer Sammlung gehören würden, die als griechische Fortsetzung der hebräischen Bibel gelten würde. Der wichtigste Briefebeantworter war der frühere Christenverfolger Saulus/Paulus. Eine der Fragen, mit welcher der Apostel immer wieder konfrontiert wurde, betraf die zentrale Glaubensaussage des Christentums, die Bezeugung der Auferstehung Jesu Christi. Es gab genügend Gemeindeglieder sowohl jüdischer als auch nicht-jüdischer Herkunft, die da ihre Zweifel hatten. Am deutlichsten ist die Antwort des Apostels im ersten Korintherbrief im fünfzehnten Kapitel: Paulus sagt dort klar und deutlich, dass die christliche Überzeugung mit dem Glauben an die Auferstehung steht oder fällt. Er teilt den Fragestellern mit, dass der Auferstandene von mehr als fünfhundert Personen gesehen worden sei, von denen die meisten noch lebten, sodass man sie fragen könne (1. Kor. 15,6). Dann gesteht er, dass auch er, der ja die Christusgläubigen verfolgt hatte, nur durch eine persönliche Begegnung mit dem Auferstandenen zu dieser Überzeugung gekommen sei (1. Kor. 15,8ff.). Bei diesen Aussagen handelt es sich nicht um eine mythologische Entwicklung, sondern um einen Brief, an dessen Echtheit kein einziger Forscher zweifelt.

Da von Paulus Texte vorliegen, die er selber geschrieben oder doch selber diktiert hat, gibt es bei Paulus nichts, das man entmythologisieren oder reprotokollieren könnte. Man kann höchstens etwas, das er geschrieben hat, analysieren und interpretieren, aber es lässt der historischen Forschung weniger Freiheit als bei Jesus, dessen Botschaft nur durch Hören-Sagen zu uns gekommen ist und dem auf jeden Fall einiges in den Mund gelegt wurde, das er so, wie es in der Bibel steht, nicht immer auch gesagt hat. Es gibt Forscher, die alles bei Jesus, das irgendwie an Paulus erinnert, kühn dem Apostel zuschreiben.

Bei Paulus wird Jesus Christus ganz eindeutig mit Gott gleichgesetzt. Das Wort Dreieinigkeit kommt beim Apostel zwar nicht vor, doch der Sache nach ist sie bei ihm bereits vorhanden. Der dreieinige Gott ist die Glaubenslehre, die uns am stärksten von den Juden und Muslimen trennt. Die betreffenden Forscher behaupten lautstark, dass Paulus aus Jesus einen Gott gemacht habe. Nach ihnen kann Jesus unmöglich gesagt haben: *Ich und mein Vater sind eins* (Joh. 10,30). Sie meinen auch beweisen zu können, dass Jesus nie den Taufbefehl gegeben habe: *Gehet hin in alle Welt und machet alle Völker zu Jüngern und taufet sie auf den Namen des Vaters, des Sohnes und des Heiligen Geistes und lehret sie alles halten, was ich euch befohlen habe! Und siehe, ich bin bei euch alle Tage bis an das Ende der Welt.* (Mt. 28,19-20) Diese Forscher sind recht eigentlich Bibel-Verächter, die mir bei Gesprächen immer und immer wieder in die Ohren brüllen und dabei mit der Faust auf den Tisch klopfen: «Jesus war Jude! Ein Jude würde sich nie mit Gott gleichsetzen!» Das ist eine seltsame Logik, denn Paulus, für den Jesus der Mensch gewordene Gott ist, war auch Jude – ein äusserst strenggläubiger Jude –, und er verfolgte die Christusgläubigen zunächst aus ebendiesem Grund. Für Juden war die Gleichsetzung mit Gott eine todeswürdige Gotteslästerung; wer so etwas sagte, den musste man kreuzigen. Die Evangelien zeigen deutlich, dass Pilatus Jesus nie wegen einer Gotteslästerung verurteilt hätte. Die Tempelleute mussten die Anklage deshalb so drehen, dass Jesus sich als Messias, als König der Juden, aufgespielt hätte – und das war in den Augen der Römer Hochverrat. Pilatus hatte diese Verdrehung der Anklage durchschaut und *wusch* aus diesem Grund *seine Hände in Unschuld*.

Die Gleichsetzung eines Menschen mit Gott war für Juden undenkbar – nicht dagegen die Gleichsetzung mit dem Messias (griechisch: Christos), sofern derjenige, der solches von sich behauptete, davidischer Abstammung war. Die Jünger waren überzeugt, dass Jesus der Christus, der Messias war. Dass er mehr war als bloss der Messias, wurde ihnen bei der Auferstehung bewusst. Der sogenannt ungläubige Thomas, der sich am längsten geweigert hatte, an die Auferstehung zu glauben, drückte am klarsten aus, was die Jünger seit der Auferstehung wussten: *Du bist mein Herr und mein Gott.* (Joh. 21,28)

Dass die Juden den Gottesnamen Jahwe nicht aussprechen durften, ist allgemein bekannt, und darauf wurde auch in diesem Buch bereits hingewiesen. Die griechische Übersetzung der hebräischen Bibel umschreibt den Namen Gottes mit Kyrios – Herr –, wobei auch der Herr und Meister eines Hauses weiterhin als Kyrios angeredet wurde. Mit Kyrios Christos ist jedoch stets der in Christus Mensch gewordene Gott gemeint. Die Kyrios-Christos-Theologie ist ein prägendes Element in den Briefen des Apostels Paulus. In 1. Korinther 8,6 nimmt Paulus Bezug auf das *Sch'ma*

Israel, auf das jüdische Urbekenntnis des einen Gottes. *Sch'ma Israel* heisst auf Deutsch *Höre, Israel.*

> *Höre, Israel, der Herr, unser Gott ist einer*
> *Und du sollst den Herrn, deinen Gott lieben*
> *von ganzem Herzen, von ganzer Seele*
> *und mit aller deiner Kraft.*
> (5. Mose 6,4-5)

Wie so oft drückt das Hebräische etwas aus, was man in einer anderen Sprache gar nicht sagen kann: *Der Herr, unser Götter, ist einer.* *Unser* ist Einzahl, *Götter* ist grammatikalisch Mehrzahl. Man könnte versuchen, es so zu sagen: *Der Herr unser Gott, der eine Vielfalt von göttlichen Kräften ist, ist der einzige Gott.* Paulus macht daraus das Bekenntnis:

> *Es gibt für uns nur einen Gott, von dem alle Dinge sind*
> *und wir auf ihn hin.*
> *Und einen Herrn Jesus Christus, durch den alle Dinge sind*
> *und wir durch ihn.*
> (1. Kor. 8,6)

Im Gegensatz zu den Jüngern, die gewöhnliche Handwerker waren, ist Paulus Theologe; sein Bekenntnis ist theologische Fachsprache, die nicht alle verstehen. Wer also hier nicht mitkommt, ob er nun Bibel-Verächter, Biblizist, Bibel-Gelangweilter oder Neueinsteiger ist, der möge mit einem Lächeln zur Kenntnis nehmen, dass bereits in biblischen Zeiten nicht alle den Apostel Paulus verstanden. In einem neutestamentlichen Brief stehen die Worte: *Unser geliebter Bruder Paulus hat euch viel Schwerverständliches geschrieben.* (2. Petr. 3,15-16)

In seinen Briefen beantwortete Paulus auch einfachere Fragen. Juden und Nichtjuden brachten ihren Göttern Tieropfer dar. Die Tempel waren die damaligen Metzgereien, wo Herr und Frau Römer Fleisch einkauften, also Götzenopferfleisch. Daraus ergab sich die Frage: Dürfen Christen Fleisch essen, das den Göttern geopfert worden war? Paulus sagt ganz pragmatisch: «Wer stark im Glauben ist und keine Bedenken hat, möge es tun; wer es nicht verantworten kann, lasse es bleiben. Doch in einer gemischten Gruppe aus Starken und Schwachen nimmt man aus Liebe Rücksicht auf diejenigen, die Götzenopferfleisch nicht essen können und tue es in ihrer Gegenwart nicht.» (vgl. 1. Kor. 10,14ff.)

Paulus konnte in seinen Briefen aber auch eine ganz menschliche Bitte aussprechen: *Bring mir den Mantel, den ich in Troas zurückgelassen habe.* (2. Tim. 4,13) Oder er erkundigt sich schlicht und einfach nach dem Befinden von Menschen und erteilt Gesundheitsratschläge. Er rät seinem Schüler und jungen Freund Timotheus: *Trinke nicht immer nur Wasser, sondern geniesse ein wenig Wein um deines Magens und deiner Krankheiten willen.* (1. Tim. 5,23) Damals war es oft gesundheitsschädigend, ungekochtes Wasser zu trinken.

Eine Paulusstelle, die immer wieder zu abenteuerlichen Spekulationen führt, will ich meinen Leserinnen und Lesern nicht vorenthalten. Es geht um die Frage, was nach dem Tod geschieht. Sind wir nach dem Tod sofort bei Gott oder ruhen wir in der Erde, bis wir am jüngsten Tag auferstehen? Es gibt in der Bibel beide Linien. Da damals alle mit der unmittelbaren Wiederkunft Jesu rechneten, waren diese beiden Linien kein Problem. Niemand würde bis zur Wiederkunft Jesu Tausende von Jahren in der Erde warten müssen. Heute ist das anders. Denen, die sich interessieren, wie ich darüber denke, empfehle ich mein Büchlein *Ich freue mich auf meine Beerdigung – ich werde dabei sein.* Tausende von Jahren in der Erde zu liegen und auf die Auferstehung zu warten, ist für mich keine Frohbotschaft. Damals stellte sich den Christen die Frage: Haben diejenigen, die bei der Wiederkunft Christi noch am Leben sind, einen Vorteil vor denjenigen, die zuerst noch auferstehen müssen? Die Antwort des Paulus im ersten Thessalonicherbrief lautet: «Keiner hat einen Vorteil vor dem andern.» Das hört sich zunächst tröstlich an, doch dann kommt etwas, was uns Heutige grotesk anmutet.

Wir wollen euch aber nicht in Unkenntnis lassen, ihr Brüder, über die Entschlafenen, damit ihr nicht trauert wie die übrigen, die keine Hoffnung haben. Denn wenn wir glauben, dass Jesus gestorben und auferstanden ist, so wird Gott in dieser Weise auch die Entschlafenen durch Jesus mit ihm zusammenführen. Denn das sagen wir euch als ein Wort des Herrn, dass wir, die wir leben, die wir bis zur Wiederkunft des Herrn übrigbleiben, den Entschlafenen nicht zuvorkommen werden. Denn der Herr selbst wird unter einem Befehlsruf, unter der Stimme eines Erzengels und unter dem Schall der Posaune Gottes vom Himmel herabkommen, und die Toten in Christus werden zuerst auferstehen. Darnach werden wir, die Lebenden, die Übrigbleibenden mit ihnen zugleich entrückt werden in Wolken dem Herrn entgegen in die Luft, und so werden wir allezeit bei dem Herrn sein. Darum tröstet einander mit diesem Wort. (1. Thess. 4,13ff.)

Von dieser Stelle aus dem ersten Thessalonicherbrief leitet sich die biblizistische Lehre von der Entrückung ab. Von einer Sekunde auf die andere sind gewisse Menschen plötzlich nicht mehr da. Im Verkehr stossen Fahrzeuge aufeinander, in denen kein Fahrer mehr zu sehen ist, auf den Schienen bleiben Züge stehen, weil der Lokomotivführer verschwunden ist, eine Familie sitzt friedlich beim Abendessen, und schwups!, weg ist die Mutter. Überall herrscht Aufregung, entsetztes Fragen und Suchen. Und dann dämmert es den Zurückgebliebenen: Diejenigen, die nicht mehr da sind, das sind die Frommen; sie sind zusammen mit den gläubigen Toten in die Luft gehoben worden und fliegen dem Herrn entgegen.

Paulus verwendet hier das Bild des Kaisers, der eine Stadt besucht, und wo alle ihm entgegeneilen. Er bringt es in einen Zusammenhang mit dem Menschensohnbild aus dem Danielbuch (Dan. 7,13), der auf den Wolken kommt. Wolken sind beim

Auszug aus Ägypten das Symbol für die Gegenwart Gottes. Als Wolke wird auch die Menge der Gläubigen bezeichnet (Heb. 12,1).

Paulus weiss, dass wir uns weder von Gott noch vom Leben nach dem Tod noch von der Vollendung der Welt und des Kosmos ein Bild machen sollen, jedenfalls kein fixiertes. Weil er das begriffen hat, nimmt er sich die Freiheit, grossartige Bilder aus dem Alten Testament aufzunehmen und sie mit damals zeitgenössischen Bildern zu kombinieren. Aber er weiss, dass das eben nur Bilder sind. Ich spreche selber ebenfalls oft und gern in Bildern. Das Bild im Buch der Offenbarung mit seinem etwas kalten und himmlischen Jerusalem aus Gold, Silber und Edelsteinen verschönere ich mit einem himmlischen Park mit Bäumen, Blumen und Tieren. Dort in diesem himmlischen Stadtpark streichle ich die Dinosaurier; denn nichts von dem, was Gott geschaffen hat, geht verloren. Wenn ich in Gesprächen solche Bilder aufleben lasse, müssen meine Gesprächspartner lachen. Lachen dürfen wir aber bei allem Ernst auch bei Paulus. Mit dem Bild von der Trompete, die erklingt, will er uns wecken. Es gab offenbar auch bei ihm Bibel- und Predigtgelangweilte, die einen Trompetenstoss nötig hatten. Mit der Wolke will er uns in die Gegenwart Gottes versetzen, und dass wir manchmal das Gefühl haben, vor Wonne fliegen zu können, wissen alle Verliebten, auch die Gottverliebten. Vor dem Tod braucht sich der Gottverliebte nicht zu fürchten, denn das Schönste kommt noch. Und keiner hat einen Vorteil, ob er noch lebt oder ob er schon gestorben ist. Oder vielleicht doch? Es gibt solche, die das wissen und glauben – diese haben in der Tat einen Vorteil – und es gibt andere, die das nicht wissen, nicht glauben und auch noch nie durch eine Christuserfahrung emporgehoben worden sind. Es ist die Sehnsucht des Apostels, dass die Thessalonicher zu denen gehören, die das erfahren. *Wir wollen euch aber nicht in Unkenntnis lassen, ihr Brüder, über die Entschlafenen, damit ihr nicht trauert wie die übrigen, die keine Hoffnung haben.*

Liebe Leserinnen und Leser,

Während ich an diesem Buch arbeite, denke ich oft an euch und an Gespräche, die ich im Verlaufe meines langen Lebens mit euch hatte. Ich denke an euch, liebe Bibel-Freunde und Christus-Freunde, die wir seit Jahren miteinander verbunden sind, auch wenn viele von euch gar nicht mehr sichtbar unter uns sind; aber als Vollendete seid ihr nach wie vor mitten unter uns. Ich denke an Menschen, die mein Leben und meinen Glauben geprägt haben. Dazu gehörst auch du, lieber Professor Karl Barth, auch wenn ich mich recht weit von deiner Theologie entfernt habe. Täglich denke ich an dich, liebe englische Freundin Beryl; sterbend hast du zu meiner Frau Vreni und mir gesagt: «We shall see each other again.»

Ich danke euch, liebe Gottesdienstbesucherinnen und -besucher, die ihr dafür gesorgt habt, dass ich nicht in leeren Kirchen habe predigen müssen.

Ich denke an euch, liebe Biblizisten. Einerseits seid ihr denkerisch etwas unbeweglich, aber es gibt andererseits unter euch wunderbare Menschen, die einen aktiven Glauben leben und von Gott und Menschen viel erwarten. Doch dieses Lob trifft leider nicht auf alle von euch zu. Unter euch gibt es recht viele fromme Nervensägen, bei denen ich in der Tat froh und dankbar wäre, wenn ihr, wie ihr es nach 1. Thessalonicher 4 wörtlich glaubt, möglichst bald entrückt würdet.

Nicht vergessen dagegen möchte ich eine Anzahl liebenswürdiger Atheisten, die sogar ab und zu in meine Gottesdienste gekommen sind, obwohl sie nichts von dem geglaubt haben, was ich predige – aber ihr habt gesagt, meine Predigten würden Liebe ausstrahlen und euch guttun.

Und nun zu euch, liebe Bibel-Verächter. So richtige Bibel-Verächter kenne ich von Person zu Person eigentlich gar nicht. Ihr macht einen grossen Bogen um mich. Euch kenne ich höchstens aus Fernsehsendungen, Vorträgen und Büchern; der eine oder andere wird mein Buch von Freunden als Geschenk erhalten haben. Richtig kennenlernen werden wir uns erst in der Ewigkeit. Zum Entsetzen der Biblizisten glaube ich nicht an eine ewige Hölle. Wir werden in keiner Hölle aufeinandertreffen. Menschen sind das Ebenbild Gottes; uns wurde der Geist Gottes eingehaucht und dieser bleibt in uns. Geist Gottes muss wieder zu Gott zurückkehren. Ich kann mir nicht vorstellen, dass der Geist Gottes in die Gottesferne geschickt wird. Gottesferne ist das, was ich unter Hölle verstehe. Vermutlich kehrt ihr nach eurem Ableben zwar nicht sofort zu Gott zurück. Vielleicht müsst ihr noch einen Erkenntnis- und Verwandlungsweg zurücklegen, wie auch immer und wo auch immer. Vielleicht kommt ihr wieder in dieses Leben zurück und müsst hier noch ein paar Runden drehen. Das hat unter den ersten Christen schon Origenes so gesehen.

Mit euch allen, egal, was ihr glaubt oder auch nicht glaubt, habe ich in diesem Buch immer wieder diskutiert, auch in dem Kapitel über neutestamentliche Briefe, das ihr soeben gelesen habt. Am Schluss des Kapitels, in welchem ausführlich über Auferstehung die Rede ist, möchte ich mit euch beten; nicht mit meinen Worten, sondern mit den Worten eines Kapuzinerpaters, der bereits zu den Vollendeten gehört.

Ich will umkehren zu Dir
Anton Rotzetter

Ich will umkehren zu Dir
zu einer leidenschaftlichen Liebe
zu einem grenzenlosen Vertrauen
zu einem einfachen Glauben
Ich will umkehren zu Dir
die Gerechtigkeit suchen
den Frieden bringen
die Versöhnung leben
Ich will umkehren zu Dir
und in der Gemeinschaft
mit Dir leben und wirken

Paulus ist etwas überrascht, dass ich das Kapitel über die neutestamentlichen Briefe, die zum grössten Teil aus seiner Hand stammen, mit einem Gebet aus unserer Zeit schliesse, doch er hat nichts dagegen. Der Apostel und Anton Rotzetter schauen sich freundlich an und nicken. Sie sind daran gewöhnt, dass es im Glauben Überraschungen gibt. Eine der grössten Überraschungen, die Paulus in der Ewigkeit erlebte, war die festzustellen, dass seine Briefe zu einem Bestandteil der Bibel wurden. Damit hatte er nicht gerechnet. Zu seiner Zeit gab es auch noch keine Evangelien; diese entstanden erst nach den Paulusbriefen.

Wir Leserinnen und Leser schaffen einen Mythos. Das Markusevangelium

Liebe Leserinnen und Leser

Wir haben festgestellt, dass Paulus erst in der Ewigkeit erfahren hat, dass er zu Lebzeiten an der Bibel mitgeschrieben hat. Und wir haben durch einen Blick in den Himmel gesehen, dass der Apostel und Anton Rotzetter, der Verfasser des obigen Gebets, einander zugenickt haben. Das ist jedoch ein Mythos; weder ihr als Leserinnen noch ich als Autor dieses Buches waren je im Himmel. Ich lade euch aber ein, in diesem Mythos zu verharren und noch ein bisschen im Himmel zu bleiben. Markus hat versprochen, uns Erdenbewohnern ein Interview zu gewähren.

Der Verfasser des Markusevangeliums schüttelt uns freundlich die Hand und fordert uns auf, Platz zu nehmen. Er giesst Ambrosia in Regenbogenkelche und reicht eine goldene Schale mit Mannakeksen herum. Er ist es, der die Initiative zu dem Gespräch ergreift.

«Wie ihr wisst, heisse ich Markus und bin Jude. Mein Name sollte euch verwundern. Wie viele Juden kennt ihr in der Bibel, die Markus heissen?» – «Das ist mir noch gar nie aufgefallen», meint eine Bibel-Freundin, «aber Markus ist tatsächlich ein lateinischer Name; dann bist du also gar kein Jude.» – «Doch, doch, ich bin Jude.» Markus steht auf und nestelt an seiner Hose. «Soll ich es euch beweisen?» – «Nein, nein!», wehren sämtliche Gesprächsteilnehmerinnen ab, «Behalte deine Hose an, wir glauben es dir auch so.» – «Dann war also dein Vater ein Römer», folgere ich. «Typisch Ausleger», lacht er, «denn dass mein Vater Römer war, steht in keiner Quelle, weder in der Bibel noch anderswo. Aber richtig, mein Vater war Römer, ein begüterter Händler. Wir haben in Jerusalem in einem grossen Haus gewohnt und immer viele Gäste beherbergt – mit koscherem Essen natürlich. Dass mein Mutter Jüdin war und Maria hiess, wisst ihr ja.» – «Das weiss ich nicht», gesteht ein Bibel-Neueinsteiger. «Es steht in der Bibel», sagt eine Biblizistin streng, «Apostelgeschichte 12,12, und ich weiss, dass Markus auch einen hebräischen Namen hat: Johannan, übersetzt: Gott ist gnädig. Wir sprechen diesen Namen meistens griechisch aus: Johannes.» – «Mein Kompliment, Schwester. Du weisst sicher noch mehr von mir.» – «Selbstverständlich! Du hattest einen älteren Vetter, Barnabas, der ein Freund und Begleiter des Apostels Paulus war. Die beiden haben dich auf die erste Missionsreise mitgenommen. *Sie nahmen Johannes mit sich mit dem Zunamen Markus,* Apostelgeschichte 12,25. Du warst aber noch viel zu jung zum Predigen, du hast einfach das Gepäck der beiden schleppen müssen, Apostelgeschichte 13,5. Und so seid ihr nach Zypern gelangt.» – «Ich war auch schon in Zypern», schaltet sich ein Bibel-Gelangweilter in das Gespräch ein, «tolle Insel, zweigeteilt, der Süden griechisch, der Norden türkisch, schöne Badestände, gutes Essen. Aber aufgepasst beim Bestellen von Kaffee. Wenn ihr im griechischen Teil türkischen Kaffee bestellt, werden sie wütend; und nennt im Norden bitte denselben Kaffee nie griechischen Kaffee; sonst könnt ihr etwas erleben. Am besten nennt ihr diesen Kaffee auf beiden Seiten immer *local coffee,* dann kann euch nichts passieren.» Der Bibel-Gelangweilte redet sich in grossen Eifer. «Ich ...» – «Dein Kaffee interessiert uns nicht,» empört sich die Biblizistin, «wir wollen von der Bibel hören.» – «Ach so», brummt der Bibel-Gelangweilte und gähnt. «Ich bin trotz meiner Bibel-Verachtung als Kind in die Sonntagschule gegangen und weiss, wie die Geschichte weitergeht», ruft einer der Gesprächsteilnehmer, «Markus, oder meinetwegen Johannan oder Johannes, hatte bald einmal genug von den beiden Fanatikern und haute ab. Das steht irgendwo in den Propheten.» Die Biblizistin seufzt missbilligend. «Nichts da Propheten, das steht in Apostelgeschichte 15,39.» – «Jetzt will ich auch endlich zu Wort kommen», wirft eine Bibel-Freundin scheu ein. «Bei der zweiten Missionsreise wollte Barnabas seinen Vetter wieder mitnehmen. Doch Paulus war dagegen, mit einem unzuverlässigen Mann zu reisen, der sie schon einmal im Stich gelassen hatte. Da erhob sich zwischen den beiden ein bitterer Zwist. Barnabas zog mit Markus in die eine Richtung und Paulus mit Silas in die andere. Schade.» – «Ach was, schade», wendet die Biblizistin ein, «doppelte Mission, Verkündigung in beide Richtungen! Praise the Lord!» (Pfingstler loben den Herrn gerne englisch.) Triumphierend fährt der Bibel-Verächter dazwischen: «Seht nur, wie die beiden Fanatiker, die so schön von der Liebe Christi reden, miteinander streiten. Das ist der Keim von Mord und Totschlag; die Religionen haben einander immer bekriegt.» Ich merke, ich muss eingreifen. «Barnabas und Paulus und Markus haben sich später wieder versöhnt», sage ich. Es wird ruhig.

Markus reicht noch einmal die Schale mit den Mannakeksen herum. «Ich erzähle euch jetzt etwas, das ihr nicht wissen könnt. Das letzte Abendmahl, das Jesus mit seinen Jüngern feierte, hat in meinem Elternhaus stattgefunden. Mein Papa hatte einen Sklaven beauftragt, Jesus und die Jünger einzuladen. Der Sklave holte Wasser bei der Siloahquelle und Jesus und die Jüngerschar folgten ihm. Papa und Mama waren traurig, denn sie wussten, dass etwas Schreckliches geschehen würde. Mich hatten sie bereits ins Bett geschickt. Ich lag nackt auf dem Lager, nur mit einem leichten Linnen bedeckt. Ich habe vieles gehört, was bei diesem Passahmal gesagt und gesungen wurde. Die Einladung, bei uns zu übernachten, nahmen die Gäste nicht an; das sei zu gefährlich für uns, sagten sie. Als sie aufbrachen, warf ich das Linnen über mich, stahl mich aus dem Haus und schlich ihnen nach. Sie gingen in den Garten Gethsemane. Ich versteckte mich in einem Gebüsch. Die Jünger waren so traurig und erschöpft, dass sie einschliefen, obwohl Jesus sie angefleht hatte, mit ihm zu wachen und zu beten. Ich werde die Gebete Jesu nie vergessen. Er war voller Angst und hat seine Angst betend ganz laut in die Nacht hinausgeschrien. Ich habe diese Worte später aufgeschrieben. Und dann kamen die Tempelpolizisten. Ich sah von meinem Gebüsch aus, wie Judas Jesus küsste. Es entstand ein Handgemenge. Der immer etwas impulsive Petrus schlug einem Polizisten mit dem Schwert ein Ohr ab. Die Jünger flohen. Jesus wurde abgeführt, und ich schlich ihnen nach. Sie entdeckten mich und griffen nach mir, doch sie erwischten nur meinen Überwurf, und ich entwischte ihnen splitternackt. Was ihr aus dieser Nacktflucht schliessen könnt, dürft ihr euren Theologen fragen.» Die ganze Leserschaft blickt mich erwartungsvoll an. Ich überlege. «Na gut. Nur derjenige, der diese Nackedeigeschichte selber erlebt hat, kann darüber schreiben. Die Nacktflucht hat keinerlei theologische Bedeutung, sodass ein anderer Verfasser ausser Markus so etwas hätte erzählen sollen, weil er damit eine Botschaft hätte übermitteln wollen. Du bist also wirklich der Verfasser des Markusevangeliums.» Markus nickt. «Gut geantwortet. Wärst du der erste und bislang einzige Ausleger, der das erkannt hat, müsste man dir für diese Erkenntnis den Ehrendoktor verleihen, aber das hat du ja schon als junger Theologiestudent von deinen Professoren gelernt. Übrigens gibt es zwischen deiner und meiner Tätigkeit eine Ähnlichkeit.» – «Ich weiss, ich habe an internationalen Tagungen in der Schweiz, in England und Deutschland englische Redner auf Deutsch übersetzt, und du, Markus, hast in Rom Petrus auf Griechisch und Lateinisch übersetzt. Das weiss ich, weil der altkirchliche Ausleger Papias, der von 70 bis 130 lebte, von deiner Übersetzertätigkeit spricht.» – «Da auch du ein Übersetzer warst», sagt Markus zu mir, «weisst du, dass die Redner grossen Einfluss auf den Übersetzer haben.» – «Ja, meine Redner waren Männer Gottes, die meinen Glauben geprägt haben; ich habe ihnen viel zu verdanken.» – «Bei mir war es genauso; ich bin von Petrus geprägt worden. Ich verdanke ihm viel.» Markus blickt in die Runde. «Ja, bitte?» Er stellt gerade fest, dass ein Bibel-Freund eine Frage hat. «Warum gibt es in deinem Evangelium gerade mal vier Gleichnisse und kaum eine Rede von Jesus? In den anderen Evangelien wimmelt es von Gleichnissen.» – «Gute Frage. Ich war ein Kind, als ich Jesus kennenlernte. Du warst doch auch einmal ein Kind. Kinder sind an Reden und Definitionen wenig interessiert. Ihnen gefallen Handlungen; es muss immer etwas laufen. Auf Englisch: *action*. Ich bin lange Zeit recht kindlich geblieben und habe mich in meinem Bericht auf *action* konzentriert. Bei mir suchst du vergeblich nach der Bergpredigt. Und in Rom hat selbst Petrus mehr das Tun Jesu als sein Reden betont. Petrus war es, der in Sturm und Wellen aus dem Boot ausstieg und bei der Verhaftung Jesu dem Knecht des Hohepriesters mit dem Schwert das Ohr abschlug. Das ist alles *action*. In Rom hatten wir viele Christen, die nicht aus dem Judentum stammten und mit jüdischen Reden, Gleichnissen und Symbolen wenig anfangen konnten. Sie brauchten als erstes Geschichten, in denen etwas lief. Das Alte Testament kannten sie noch nicht. Petrus sprach zu Menschen, die jung und neu im Glauben waren. Und darum habe ich mein Evangelium entsprechend geschrieben. Es ist gut, dass es auch die anderen Evangelien gibt. Matthäus war in einer völlig anderen Situation. Er ist derjenige, der vor allem reife christliche Juden angesprochen hat. Darum bringt er viele Reden von Jesus und vor allem Bezüge zur hebräischen Bibel. Er will den Juden zeigen, dass alles, was Jesus verkündet, von den Propheten vorhergesagt wurde. Ich bin nur Augenzeuge der letzten Stunden Jesu. Was vorher war, weiss ich von Petrus. Matthäus und Lukas waren überhaupt keine Augenzeugen; sie haben mein Evangelium als eine der Quellen für ihr Evangelium benutzt. Nebst meinem Evangelium mit den vielen Handlungen und Taten Jesu stand ihnen noch eine Sammlung von Aussprüchen, Predigten und Gleichnissen unseres Herrn zur Verfügung. Diese Spruch- und Predigtsammlung ist verloren gegangen. Wenn ich vom Himmel auf die Kirchen, Universitäten und Bibelschulen herabblicke, stelle ich fest, dass sich die Theologen einig sind in der Feststellung, dass es eine solche Sammlung gegeben haben muss. Sie nennen sie die Sammlung Q – Q für Quelle. Weitere Fragen?»

Ein Bibel-Verächter meldet sich. Oder dürfen wir ihn bereits einen früheren Bibel-Verächter nennen? Jedenfalls macht er ein freundliches Gesicht und scheint echt interessiert zu sein. «Dein Evangelium hat einen merkwürdigen Schluss. Du erwähnst das leere Grab. Die Frauen, die zum Grab kommen, sehen einen Jüngling in einem langen weissen Gewand, der ihnen sagt, dass sie und die Jünger den Auferstandenen in Galiläa sehen werden. Doch in deinem Evangelium berichtest du nichts von diesen Begegnungen mit dem Auferstandenen in Galiläa. Nach deiner Erzählung vom leeren Grab folgt ein Kurzbericht, der gar nicht von dir zu stammen scheint.» – «Hut ab, du bist offenbar wirklich über die Bücher gegangen. Du bleibst kritisch, aber bist echt interessiert. Du sagst mit Recht, dass dieser Schluss nicht von mir ist. Das bedeutet, dass mein Evangelium mit dem leeren Grab abrupt endet. Nun verrate ich dir und dem Leserkreis etwas, das nur ihr wissen könnt, weil ich persönlich es euch sage. Dass ich mein Evangelium in Rom geschrieben habe, wissen viele, doch nirgends steht, dass ich es im Gefängnis geschrieben habe. Einen sehr anständigen Gefängniswärter hatte ich bereits für die Sache Christi erwärmt. Er hat mir Papyrusblätter, Tinte und Feder gebracht und auch dafür gesorgt, dass das, was ich niederschrieb, in die Hände der Christen kam. Petrus und Paulus waren bereits hingerichtet worden. Ich war gerade am Schluss des Evangeliums angelangt und wollte von den Begegnungen mit dem Auferstandenen schreiben, da ging die Türe auf, mein Wärterfreund stand weinend da und stammelte: 'In wenigen Augenblicken werden sie kommen und dich hinrichten.' Ich drückte ihm mein Evangelium bis und mit Bericht vom leeren Grab in die Hand, sprach ein letztes Gebet mit ihm und küsste ihn. Eine Stunde später war ich schon bei meinem Herrn und Heiland. – So, ihr Lieben aus dem Leserkreis, jetzt wisst ihr etwas, das ihr nie werdet beweisen können, weil es weder in der Bibel noch in anderen Quellen steht, und darum ist es ein Mythos.»

Wir waren alle sehr bewegt und dankbar für diesen persönlichen Bericht von Markus. Wir bestiegen die Wolke, die uns auf die Erde zurückbrachte – und diese Wolkenrückkehr ist ein weiterer Mythos. Aber sowohl den Bibel-Verächtern als auch den Biblizisten taten die Gespräche im Himmel und die Wolkenreise gut; die Bibel-Gelangweilten und die Neueinsteiger freuen sich bereits auf das nächste Kapitel.

Der hochangesehene Theophilus im Lukasevangelium

Der hochangesehene Theophilus ist der erste Leser des Lukasevangeliums wie auch der Apostelgeschichte. Als *Hochangesehener* wird im römischen Reich ein Senator, ein Statthalter oder ein Richter angesprochen. Der Verfasser des Lukasevangeliums schreibt seinen Bericht nicht für eine Gemeinde, sondern für eine nichtgläubige hochrangige Person. Für die alte Kirche war dieser Verfasser der in Kolosser 4,14 erwähnte Lukas, der Arzt. Nicht wenige heutige Forscher bestreiten, dass der Verfasser des Lukasevangeliums mit Lukas, dem Arzt, identisch sei. Doch auch die neuere Forschung stellt fest, dass der Autor dieses Evangeliums medizinische Ausdrücke verwendet und an den Heilungen Christi besonders interessiert ist. Warum also sollte dieser Autor nicht Lukas, der Arzt – und damit einer der Begleiter des Apostels Paulus – gewesen sein? Lukas schreibt ein reines Griechisch ohne Aramäismen. Selbst für Forscher, welche im Verfasser nicht Lukas, den Arzt, sehen, stammt der Autor nicht aus dem Judentum. Lukas ist die Kurzform des lateinisch-griechischen Namens Lucanus und bedeutet: ins Licht hinein geboren. Für Forscher, die an der Verfasserschaft des Arztfreundes des Paulus festhalten, sind das Lukasevangelium und die Apostelgeschichte die einzigen von einem Nichtjuden geschriebenen Schriften des Neuen Testamentes.

In der Apostelgeschichte fallen die sogenannten Wir-Berichte auf. Das sind Schilderungen von Ereignissen, bei denen Lukas persönlich anwesend war. Aus seiner Anrede des hochangesehenen Theophilus geht hervor, dass Lukas nicht Augenzeuge der Tätigkeit Jesu oder gar seines Leidens und Sterbens war. Der Verfasser sagt ausdrücklich, dass er die Augenzeugen befragt habe. Der Wir-Bericht in der Apostelgeschichte begleitet Paulus bis nach Rom. Sowohl Markus als auch Lukas haben also ihr Evangelium in Rom geschrieben. Daraus erklärt sich die Abhängigkeit des Lukasevangeliums vom Markusevangelium. Markus war einer derjenigen, die Lukas befragen konnte. Lukas hat auch mit anderen Augenzeugen gesprochen. Darum das lukanische Sondergut, von dem im Markusevangelium nichts steht. Die beiden haben eine unterschiedliche Leserschaft, was ihre Aussagen prägt. Markus als Übersetzer von Petrus schreibt für eine christusgläubige Gemeinde, Lukas für eine hochangesehene römische Person. Nur im Lukasevangelium findet sich die Geschichte der Jünger auf dem Weg nach Emmaus, die unterwegs vom Auferstandenen begleitet werden, ihn aber nicht erkennen. Erst beim Essen, beim Brotbrechen, gehen ihnen die Augen auf. Der hochangesehene Römer wird gleichsam in die Eucharistie (Abendmahl) eingeführt. Beim Brechen des Brotes und beim Herumreichen des Kelches wird der nicht mehr sichtbare Christus erkannt. Das ist für einen römischen Leser nachvollziehbar.

Sowohl im lukanischen Evangelium als auch in der Apostelgeschichte spielt der Heilige Geist eine zentrale Rolle. Der Heilige Geist ist die Anwesenheit Christi in seiner Unsichtbarkeit. Das kann der hochangesehene Römer verstehen. Der englische Baptist David Pawson hat die gewagte, aber mir sehr sympathische These aufgestellt, dass die hochangesehene Person der Richter sei, der in Rom das Urteil über Paulus fällen muss. Paulus war in Jerusalem fälschlicherweise angeklagt worden, Heiden in das Innere des Tempels geführt zu haben. Weil er sich auf sein römisches Bürgerrecht berief, fand der Prozess nicht in Jerusalem, sondern in Rom statt. Nach David Pawson lieferte Lukas dem Richter Theophilus die notwendigen Akten für den Prozess. Es spricht einiges dafür, dass Paulus bei diesem ersten Prozess freigesprochen wurde, vielleicht sogar nach Spanien reisen konnte. Jedenfalls war das der Wunsch des Apostels. Ob er es geschafft hat, wissen wir nicht.

Als Begleiter des Paulus war Lukas bei der Anklage des Apostels in Jerusalem dabei, ebenfalls bei dem anschliessenden zweijährigen Gefängnisaufenthalt des Paulus in Caesarea, wohin die Ankläger ihre Anklageschrift brachten. Lukas hatte also reichlich Gelegenheit, nicht nur in Rom Markus zu befragen, sondern von Caesarea aus alle, die mit Jesus etwas zu tun gehabt hatten.

«Ja, bitte?» Ein ehemaliger Bibelverächter unterbricht mich. «Ich bin zwar durchaus über die Bücher gegangen und staune über dieses gewaltige Bibelwerk, aber ich möchte nicht aufhören, kritische Fragen zu stellen. Wie kommt ausgerechnet ein Arzt dazu, die ausser bei ihm nur bei Matthäus erwähnte jungfräuliche Geburt Jesu zu bezeugen? Wenn diese Aussage von dem Schriftgelehrten Paulus gemacht würde, könnte ich es verstehen, aber von einem Arzt...!» – «Ja eben gerade darum. In einem wissenschaftlichen Bericht habe ich gelesen, dass in der Natur Parthenogenese, also Fortpflanzung aus unbefruchteten Eizellen, durchaus vorkommt.» Es ist eine ehemalige Biblizistin, welche diese Antwort gibt. «Es soll sogar bei Menschen schon vorgekommen sein.» – «Das habe ich auch gelesen, aber dann ist die Nachkommenschaft weiblich. Aus einer unbefruchteten weiblichen Eizelle kann nichts Männliches entstehen.» – «Der Hinweis, dass der Bericht einer parthenogenetischen Geburt Jesu eher von einem Schriftgelehrten zu erwarten wäre als von einem Mediziner, wirft Licht in diese Frage», versuche ich zu erklären. «Das ist in der Tat eine theologische Aussage. Das Thema des Lukas ist der Heilige Geist. In der römischen Mythologie wird die jungfräuliche Geburt eines Mannes oft bezeugt; der hochangesehene Theophilus hat damit nicht das geringste Problem. Er soll aber durch Lukas verstehen, dass da der Heilige Geist am Werk ist. Bei keinem der Evangelisten spricht Jesus je von seiner Geburt. Er sagt stets: 'Ich bin gekommen.' Für David Pawson ist Jesus der einzige Mensch, der beschliessen konnte, in diese Welt zu kommen. David Pawson ist nicht im vollen Sinn des Wortes ein Fundamentalist, aber er ist ein durch und durch evangelikaler Bibelausleger, ein absolut genialer und faszinierender noch dazu. Man kann auch von diesen Christen einiges lernen. Doch konzentriert euch jetzt nicht auf die Jungfräulichkeit Marias. Lasst diese mit Karl Barth einfach stehen. Konzentriert euch auf den Heiligen Geist. Wer eine Heilig-Geist-Erfahrung machen will, betet sich am besten durch das

Lukasevangelium und die Apostelgeschichte; dann wird er oder sie Pfingsten erleben. Der Pfingstbericht steht nicht zufällig in der Apostelgeschichte. Lukas ist auch derjenige, der von gläubigen Christen berichtet, die den Heiligen Geist noch gar nicht erfahren haben und erst noch um den Heiligen Geist bitten müssen (Apg. 19,1-7). Bestimmt auch im Blick auf den hochangesehenen Theophilus erzählt Lukas in Apostelgeschichte 10 die Geschichte des hochangesehenen Hauptmanns Cornelius und Petrus'. Durch diese Heilig-Geist-Erfahrung erlebt der Hauptmann Pfingsten und der hundertprozentige Jude Petrus wird willig zu akzeptieren, dass Menschen in die Gemeinschaft mit Gott aufgenommen werden dürfen, ohne sich beschneiden zu lassen. Interessant ist auch der Unterschied zwischen Matthäus und Lukas bei der Erzählung vom Sohn, der seinen liebenden Vater um Brot, Fisch oder Ei bittet und ganz sicher nicht anstatt des Erbetenen einen Stein oder eine Schlange oder einen Skorpion erhalten wird (Lk. 11,5-13, Mt. 7,7-11). Matthäus sagt: *Wenn nun ihr, die ihr doch böse seid, euren Kindern gute Gaben zu geben wisst, wie viel mehr wird euer Vater in den Himmeln denen Gutes tun, die ihn darum bitten.* Bei Lukas heisst es: *Wie viel mehr wird der Vater im Himmel den Heiligen Geist denen geben, die ihn bitten.* Auch ist es kein Zufall, dass Lukas diese Vater-Sohn-Geschichte verbindet mit dem Gleichnis des Mannes, der mitten in der Nacht bei einem Freund anklopft und um Brot bittet. Er braucht das Brot – den Heiligen Geist – nicht für sich selber, sondern für einen Reisenden, der zu ihm gekommen ist. Der Heilige Geist kann zwar durchaus eine tolle Erfahrung sein – Mystiker erleben diese Erfahrung als ein Geküsst-Werden durch Christus –, aber sie soll nach Lukas vor allem dazu eingesetzt werden, anderen Menschen zu dienen, ihnen Brot zu geben.»

Man versteht, dass der hochangesehene Theophilus das Evangelium des Lukas und die Apostelgeschichte geradezu verschlungen hat. Sowohl Ex-Biblizisten als auch Ex-Bibelverächter nicken und sagen: «Ich werde es jetzt auch ganz anders lesen.»

Das «Höllenevangelium»

Ich nenne das Matthäusevangelium normalerweise nie Höllenevangelium. Heute mache ich eine Ausnahme, weil eine Ex-Biblizistin soeben gefragt hat, warum ich noch nichts über die Hölle gesagt habe. Die übrigen Gesprächsteilnehmer schauen sie entsetzt an. «Du bist in den Fundamentalismus zurückgefallen», sagen sie vorwurfsvoll.

«Doch, liebe Gesprächsteilnehmerin. Schon vergessen?», antworte ich. «Über die Hölle habe ich mich in unserem Gespräch schon einmal geäussert. Ich habe gesagt, dass wir gemäss dem allerersten Kapitel der Bibel als Ebenbild Gottes den Geist Gottes eingehaucht bekommen haben und dass ich mir nicht vorstellen kann, dass etwas von Gott in einer Hölle, also in der Gottesferne landen soll, jedenfalls nicht in einer ewigen. Aber nun frage ich zunächst dich, liebe Gesprächsteilnehmerin: Wie kommst du gerade jetzt auf die Frage nach der Hölle?» – «Wegen des Evangeliums an den hochangesehenen Heiden Theophilus. Durch diesen Heiden ist Lukas ein Evangelium besonders für Ungläubige. Und da müsste doch eine Angst zu spüren sein, dass Leute, die sich nicht vom Unglauben abwenden, damit rechnen müssen, mit der Hölle Bekanntschaft zu schliessen. Ich kenne die Bibel und weiss, dass da auch etwas von Hölle steht, und das nicht etwa im Alten Testament und auch nicht an einer mythologischen Stelle, sondern im Neuen Testament.» – «Richtig, liebe Schwester, die Hölle kommt in der Bibel vor. Und wir haben da Übersetzungsschwierigkeiten. Es gibt drei Wörter, die oft als Hölle übersetzt werden. Im Alten Testament steht der Begriff Scheol, ein schattenhaftes Totenreich ohne eigentliches Leben. Der Scheol ist jedoch kein Strafort, sondern eine blosse Ahnung, dass mit dem Tod nicht alles zu Ende ist. Das Alte Testament kennt noch keinen eigentlichen Glauben an ein ewiges Leben, weder im positiven noch im negativen Sinn. Die Sadduzäer lehnen die Auferstehung zur Zeit Jesu immer noch ab. Der hebräische Scheol entspricht dem griechischen schattenhaften Todesreich Hades, ein Ausdruck, den auch des Neue Testament gebraucht. Im Lukasevangelium befindet sich der reiche Mann, der kein Herz für den armen Lazarus hatte, nach dem Tod im Scheol. Die eigentliche Hölle ist die Gehenna, die Abfallhalde Jerusalems Richtung Hinnomtal, *wo das Feuer nicht verlöscht und der Wurm nicht stirbt.* Das Wort Gehenna erscheint in den Evangelien elfmal, siebenmal bei Matthäus, dreimal bei Markus und je einmal bei Lukas und Johannes. Die meisten Gehennaaussagen finden sich also im Matthäusevangelium und nur in diesem im Sinne einer ewigen Bestrafung am Ende der Welt. Das Matthäusevangelium ist das eigentliche Höllenevangelium, und, liebe Schwester, es ist das Evangelium, das eben gerade nicht für die Ungläubigen geschrieben wurde, sondern für die Gläubigen.» Meine Gesprächspartner brechen in schallendes Gelächter aus. «Das tut uns Gläubigen vielleicht ganz gut», finden sie.

C. S. Lewis, der Autor der Narniageschichten, hat zu diesen Warnungen, die im Matthäusevangelium von Christus ausgesprochen werden, gesagt: *There are only two kinds of people in the end: those who say to God: «Thy will be done», and those to whom God says: «Thy will be done.»*

Obwohl ich nicht an eine ewige Hölle glaube, bin ich froh um die Warnung im Matthäusevangelium. Es ist nicht einfach *pie in the sky when you die.* Es gehen nicht alle einfach so ins Licht Gottes, wenn sie sterben. Das kann erst geschehen, wenn eine Seele die Rückkehr zu Gott auch wirklich will. Doch ich wiederhole: Die Gehennawarnung im Matthäusevangelium richtet sich an die Gläubigen, nicht an die Ungläubigen.

Das Matthäusevangelium wird seit der Zeit der alten Kirche einem unbekannten Verfasser mit diesem Namen zugeschrieben. Auch die heutige Forschung ist der Meinung, dass dieser Unbekannte ein christusgläubiger Jude gewesen sei und für christusgläubige Juden geschrieben habe. Es geht dem Verfasser darum zu beweisen, dass Jesus das Gesetz Mose nicht gebrochen, sondern erfüllt hat. Für einen Gesetzesbrecher interessieren Juden sich nicht. Nach der Bergpredigt, dem neuen Gesetz, sagt Jesus bei Matthäus: *Meinet nicht, dass ich gekommen sei, das Gesetz oder die Propheten aufzulösen, sondern zu erfüllen. Denn wahrlich ich sage euch: bis der Himmel und die Erde vergehen, wird nicht ein einziges Jota oder Strichlein vom Gesetz vergehen, bis alles geschehen ist.* (Mt. 5,17-18) Alles, was Jesus sagt oder tut, ist nach Matthäus in der hebräischen Bibel verheissen oder angedeutet. Für uns Nichtjuden scheint es manchmal fast an den Haaren herbeigezogen. Wir kennen aus dem Alten Testament keine Verheissung, wonach der Messias eine Zeitlang in Ägypten gelebt haben muss. Doch die Identität der Juden besteht darin, dass sie aus der Sklaverei Ägyptens befreit wurden. Also muss nach Matthäus auch der neue Befreier, der Messias, aus Ägypten gerufen werden. *Aus Ägypten rief ich meinen Sohn.* (Mt. 2,15) Der herodianische Kindermord zu Bethlehem und die Flucht nach Ägypten stehen nur bei Matthäus. Bethlehem ist ihm besonders wichtig; der Messias muss aus der Davidstadt Bethlehem kommen.

Es geht dem Verfasser des Matthäusevangeliums wie auch den Evangelisten Markus und Lukas um das Reich Gottes in dieser Welt, für das Matthäus als strenger Jude, der den Namen Gottes nicht ausspricht, aber nie diesen Ausdruck gebraucht. Bei ihm ist dieses Reich stets das Reich der Himmel. Der Nichtjude Lukas nennt es problemlos Reich Gottes. Juden und Christen warten beide auf das Reich Gottes. Für die Juden ist es noch nicht gekommen, für die Christen ist es in Christus zwar angebrochen, aber noch nicht vollendet. Vollendet wird es erst beim zweiten Kommen des Messias sein.

Bei Matthäus kommt zum ersten Mal das Wort *Ecclesia* (Kirche) vor (Mt. 16,18). Die anderen Evangelisten kennen dieses Wort nicht. Ecclesia heisst die *Herausgerufenen:* aus dem Heidentum heraus- und in den Bund Gottes mit Israel hineingerufen. Der Jüdischste der Evangelisten, dessen Absicht es ist, die Juden zu Christus zu führen, muss den Juden erklären, dass in dem neuen

Bund Gottes auch Menschen aus der übrigen Völkerwelt dabei sind. Darum gehören zu seiner Weihnachtsgeschichte die Magier, welche von einem Stern aus weiter Ferne nach Bethlehem geführt werden.

Matthäus nennt die Christusgläubigen nie Christen, er nennt sie stets Jünger. Jünger sollen sich aktiv am Kommen des Reiches beteiligen, als Söhne und Töchter des Vaters. Sie sollen nicht nur predigen, sondern handeln, in der Kraft Gottes Wunder tun, damit die Menschen das angebrochene Reich der Himmel sehen können. Die Aussendung der siebzig Jünger ist die Frucht einer eigentlichen Jüngerschaftsschulung. Jünger im bereits angebrochenen Reich der Himmel handeln im Sinn der Bergpredigt. Sie sollen brauchbare Söhne und Töchter des himmlischen Vaters sein und nicht zu einem Abfallprodukt werden, das auf den Abfallhaufen der Gehenna geworfen wird, *wo das Feuer nicht verlöscht und der Wurm nicht stirbt.* Das Ziel des Matthäusevangeliums liegt in seinem Schlusswort:

> *Darum gehet hin und machet zu Jüngern alle Völker und taufet sie auf den Namen des Vaters, des Sohnes und des Heiligen Geistes, und lehret sie halten alles, was ich euch befohlen habe, und siehe, ich bin bei euch alle Tage bis an das Ende der Welt.*

«Uff», sagen die Ex-Biblizisten bewegt, «das ja nicht Höllenpredigt für die Ungläubigen, sondern Klartext Jesu für uns Gläubige.» – «Aber voll und ganz frohe Botschaft», staunen die Bibel-Neueinsteiger und die Ex-Bibel-Gelangweilten.

«Genug für heute», finde ich, «ins Bett mit euch, wir fahren morgen mit dem Johannesevangelium weiter.»

Das Johannesevangelium

Es ist anzunehmen, dass einige Leserinnen und Leser den Ausdruck Synopse, der aus dem Griechischen stammt, nie gehört haben. Er bedeutet so viel wie gemeinsame Schau. Markus, Matthäus und Lukas sind die synoptischen Evangelien. Dass uns bei Johannes ein Evangelium entgegentritt, das sich von der synoptischen Schau der drei ersten Evangelien deutlich unterscheidet, wird jedem Bibelleser bereits beim Nachdenken über den Stammbaum Jesu klar. Markus verzichtet auf einen Stammbaum, für ihn tritt Jesus erst im Alter von dreissig Jahren in Erscheinung. Das hat Matthäus offenbar nicht genügt; er entwirft einen Stammbaum, der bis zu Abraham reicht. Lukas geht sogar zurück bis Adam. Sie alle aber werden übertroffen von Johannes: Er geht zurück bis in die Ewigkeit. Er spricht von Christus, der von aller Ewigkeit her war und auch bis in alle Ewigkeit sein wird. *Im Anfang war das Wort, und Gott war das Wort ... und das Wort ward Fleisch* (Joh. 1,1ff.), das heisst, das Wort wurde in Jesus Mensch. *Euer Vater Abraham frohlockte, dass er meinen Tag sehen sollte. Und er sah ihn und freute sich. Darauf sagten die Juden: Du bist noch nicht fünfzig Jahre alt und hast Abraham gesehen? Jesus sprach zu ihnen: Wahrlich, wahrlich, ich sage euch: Ehe Abraham war, bin ich. Da hoben sie Steine auf, um sie auf ihn zu werfen. Jesus aber verbarg sich und ging aus dem Tempel hinaus.* (Joh. 8,56-59) Dass Jesus sich mit Gott gleich sah, wissen auch die Synoptiker, doch bei ihnen liegt der Schwerpunkt der Tätigkeit und des Redens Jesu auf dem Reich Gottes. Bei Johannes kommt dieser Ausdruck bescheidene zwei Mal vor. Im Johannesevangelium spricht Jesus von sich selber. Würde es sich nicht um Jesus, sondern um einen gewöhnlichen Menschen handeln, der nur von sich spricht, würde er uns auf die Nerven gehen. Dem Prediger, der sich erkühnen würde zu sagen: «Niemand kommt zum Vater denn durch mich», würden die Leute davonlaufen. Das war im Fall von Jesus sogar dramatischer: Sie hätten ihn gesteinigt, wenn er sich nicht versteckt hätte. Es ist zwar kaum anzunehmen, dass Jesus dem Wortlaut nach so gesprochen hat. Da ist Markus mit seinem Messias-geheimnis den protokollarischen Tatsachen sicher näher. Bei Markus verbietet Jesus denen, die er geheilt hat, ihn in der Öffentlichkeit Messias zu nennen (Mk. 8,22-30). Johannes hat aber seine Aussagen über die Ewigkeit Jesu und die Gleichsetzung mit Gott nicht erfunden. Er hat Christus in seiner Gott-Menschlichkeit erkannt und das in seinem Evangelium entsprechend formuliert. Es fällt auch auf, dass Johannes die Tempelreinigung Jesu nicht in die Passionszeit setzt, sondern an den Anfang seiner mensch-göttlichen Tätigkeit. Historisch gesehen ist dies unmöglich, denn dann wäre Jesus von allem Anfang an verhaftet worden. Niemand kann sich straflos im Tempel so benehmen und die Einnahmequellen des Tempels zerstören. Theologisch will Johannes mit der Tempelreinigung von allem Anfang an sagen: «Hier kommt Gott in sein eigenes Haus; er ist entsetzt und ergreift Massnahmen.»

Für die Christen der ersten Jahrhunderte bis weit über die Zeit der Reformation hinaus war der Verfasser sowohl des Johannes-evangeliums als auch der Johannesbriefe und der Offenbarung der Lieblingsjünger Jesu, bekannt als der jüngere Bruder des Apostels Jakobus. Die beiden waren Söhne des Fischers Zebedäus und der Salome. Laut altkirchlicher Tradition wirkte Johannes als Apostel vor allem in Ephesus; er wurde auf die Insel Patmos verbannt, wo er das letzte Buch des Neuen Testaments, die Offenbarung, nie-derschrieb. Das Johannesevangelium selber bestätigt Johannes als den Verfasser (Joh. 21,24-25), wenn auch in einem redaktionel-len Wir-Anhang. Die Verfasserschaft des Johannes wurde erst nach fast zweitausend Jahren durch die historisch-kritische Theo-logie in Frage gestellt. Die Argumente der historisch-kritischen Forschung sind bestechend, und ich kann verstehen, dass viele Theologiestudenten sich von ihnen überzeugen lassen. Doch das einhellige Zeugnis namhafter christlicher Schriftsteller rings um die Zeit der Abfassung des Johannesevangeliums ist für mich massgebender als die historisch-kritischen Stimmen der letzten zweihundert Jahre. Verblüffend bleibt allerdings, dass ein schlichter Fischer aus Galiläa ein Evangelium von einer derart hochentwickelten Theologie verfassen konnte, dass selbst Augustin, der ein grosser Theologe war, Johannes den hochfliegenden Adler unter den Evangelisten genannt hat. Die altkirchliche Tradition wusste sehr wohl, warum sie Johannes den Adler als Symboltier verlieh.

Markus zeigt kindlich und jugendlich einen Christus in *action*. Bei Matthäus und Lukas erfahren wir, was Jesus gesagt hat. Bei Johannes stehen wir vor der grossartigen Darstellung dessen, wer Jesus Christus ist und was er für uns bedeutet. Johannes sagt klar und deutlich: Er ist wahrer Gott und wahrer Mensch. Das ist bei ihm nicht trockener dogmatischer Glaubenssatz, sondern mystische Verbundenheit und leidenschaftliche Liebe. Johannes wird der Lieblingsjünger Jesu genannt. Er lehnt sich beim letzten Abendmahl an Jesu Brust (Joh. 13,23). Er ist der einzige Jünger, der mit Maria am Kreuz steht (Joh. 19,26). Ihm vertraut Jesus seine Mutter an. Als einziger versteht er bei den leeren Grabtüchern sofort, dass Jesus auferstanden ist. Er ist es auch, der den «Unbekannten» am Ufer des Genezarethsees als Jesus identifiziert (Joh. 21,7). Staunend sagt er im ersten Johannesbrief: *Der, den wir gesehen haben, sogar berühren durften, dieser ist Gott, mit dem wir Gemeinschaft haben.* (1. Joh. 1,1ff.) **Alles, was Johannes sagt, ist mit Liebe durchtränkt.** *Seht, welch eine Liebe hat uns der Vater erzeigt, dass wir Gottes Kinder heissen sollen.* (1. Joh. 3,1) *Geliebte, lasst uns einander lieben, denn die Liebe ist aus Gott, und jeder, der liebt, ist aus Gott gezeugt und erkennt Gott.* (1. Joh. 4,7) *So sehr hat Gott die Welt geliebt, dass er seinen einzigen Sohn gab, dass jeder, der an ihn glaubt, nicht verloren gehe, sondern ewiges Leben habe.* (Joh. 3,16)

Stimmen aus dem Leserkreis

Ich muss unterbrechen, denn ich höre gerade zwei Stimmen aus unserer Diskussionsrunde.

«Ich beneide Johannes um seine Liebesbeziehung zu Christus», gesteht unsere biblizistische Leserin, «ich muss unbedingt wieder einmal das ganze Johannesevangelium von A bis Z durchlesen und durchbeten.» Und der Ex-Bibel-Verächter findet: «Gar nicht so schlecht, dieses Johannesevangelium. Eigentlich habe ich noch gar nie richtig in der Bibel gelesen, doch jetzt will ich es tun, und ich werde mit dem Johannesevangelium beginnen.» – «Halt!», warne ich ihn. «Fang nicht mit dem hochtheologischen Johannesevangelium an. Und auch die Bibel-Neueinsteiger sollten das nicht tun. Ihr seid theologische Säuglinge, ihr braucht noch Milch, das hat schon der Apostel Paulus gesagt (1. Kor. 3,2). Für euch ist Markus der Richtige. Bei Markus findet ihr keine langen Reden, die euch langweilen würden, weil ihr sie noch nicht versteht. Zudem ist Markus das kürzeste Evangelium; ihr werdet es recht bald gelesen haben, dann habt ihr so etwas wie ein Fundament, auf dem ihr weiter bauen könnt. Nach Markus könnt ihr euch an Matthäus und an Lukas wagen. Lukas hat auch die Apostelgeschichte verfasst, die ebenfalls viel *action* enthält. Die Apostelgeschichte erzählt von der Zusammenarbeit des Heiligen Geistes mit Menschen in einer Zeit, wo Christus den Seinen nicht mehr sichtbar begegnet. Erst wenn ihr mit den synoptischen Evangelien und der Apostelgeschichte durch seid, ist der Zeitpunkt gekommen, dass ihr das Johannesevangelium lesen könnt. Unsere liebe Biblizistin dagegen...» – «Ex-Biblizistin, wenn ich bitten darf...» – «Na schön, das freut mich, dann halt Ex-Biblizistin. Unsere Ex-Biblizistin, die ja bereits Johannes um seiner Christusliebe willen beneidet – was ein gutes Zeichen ist –, kann, darf und soll in das Johannesevangelium eintauchen und es durchmeditieren.» – «Meditieren?» Obwohl bereits Ex-Biblizistin, zuckt die Sprecherin beim Wort *Meditation* zusammen. «Jawohl, durchmeditieren. Meditieren heisst: die Worte in sich aufnehmen, sorgfältig kauen, gut einspeicheln und langsam schlucken.» Jetzt meldet sich der Ex-Bibel-Gelangweilte. «Du sagst aber schon noch mehr über das theologische Meisterwerk des Lieblingsjüngers, nicht wahr, lieber Buchautor?» – «Sehr gern. Wir fahren weiter.»

«Ihr erinnert euch an die Geschichte von der Begegnung Moses beim brennenden Dornbusch?» – «Der Mythos», unterbricht mich die Ex-Biblizistin fröhlich, «der Mythos vom brennenden Dornbusch. Ich habe endlich begriffen, dass der Mythos eine ganz besondere Sprache Gottes ist.» – «Beim brennenden Dornbusch will Moses wissen, wer Gott ist. Er gibt sich nicht zufrieden mit der Zusicherung, dass er der Gott Abrahams, Isaaks und Jakobs sei. Moses will Gottes Namen wissen. Und Gott sagt: *Ich bin der ich bin; ich werde sein, der ich sein werde.* (2. Mose 3,14) Auf Hebräisch hört sich diese Aussage ähnlich an wie Jahwe, der Gottesname, den Juden nicht aussprechen.» Der Ex-Bibel-Gelangweilte wird ungeduldig. «Jetzt kommst du wieder mit Moses. Fang doch gleich bei Adam an… Wir sind doch jetzt bei Johannes!» – «Wir sind bei Johannes», sage ich ruhig. «Wir sind bei den Ich-bin-Reden des johanneischen Jesus, unter Bezugnahme auf das mosaische *ich bin, der ich bin – ich bin Jahwe.*»

Ich bin das Brot des Lebens (6,35)

Ich bin das Licht der Welt (8,12)

Ich bin die Tür (10,7)

Ich bin der gute Hirte (10,11-14)

Ich bin die Auferstehung und das Leben (11,25)

Ich bin der Weg, die Wahrheit und das Leben (14,6)

Ich bin der wahre Weinstock (15,1)

«Zähl einmal nach, lieber Ex-Bibel-Gelangweiler, wie viele Ich-bin-Reden sind das?» Der Ex-Bibel-Gelangweilte beginnt zu zählen: «Eins, zwei, drei, … sieben.» – «Sagt euch die Zahl sieben etwas?» Alle sind mittlerweile Bibel-Freunde geworden. Und alle rufen einstimmig: «Sieben ist die heilige Zahl, die Zahl der Vollkommenheit.» Die Ex-Biblizistin weiss sogar, dass die Zahl der imitierten, aber nie erreichten Vollkommenheit Sechs-Sechs-Sechs ist. Christus ist Sieben; der Antichrist ist Sechs-Sechs-Sechs.

«Siebenmal nennt sich also der johanneische Christus Jahwe, ohne diesen Namen auszusprechen. Das ist in der Tat der theologische Höhenflug des Adlers.» Der Ex-Bibel-Verächter ist begeistert.

Die Bibel-Freunde staunen weiter, als sie vernehmen, dass der johanneische Christus die Siebenzahl für seine Wunder noch einmal gebraucht. Die Wunder bei den Synoptikern sind Wunder solcher Art, dass man sie auch als psychosomatische Heilungen bezeichnen könnte. Nicht so die sieben Wunder des johanneischen Christus, die der Evangelist immer *Zeichen* nennt, Hinweise auf etwas ganz anderes, Hinweise auf *den ganz Anderen*.

- Jesus verwandelt Wasser in Wein. (2,1-12) Das ist nicht psychosomatisch.
- Jesus kann ohne Berührung, aus der Ferne heilen (4,46-54)
- Heilung an einem Sabbat, was verboten ist (5,1-18)
- Speisung der Fünftausend mit fünf Broten und zwei Fischen (6,1-15)
- Seewandel (6,16-21). Das ist kein psychosomatisches Wunder.
- Heilung eines Blindgeborenen (9,1-12). Keine vorübergehende Blindheit; nicht psychosomatisch.
- Auferweckung eines Toten, der bereits am Verwesen ist (11,1-43). Lazarus war ganz sicher nicht scheintot; er stank bereits.

Dem Lieblingsjünger und Augen- und Ohrenzeugen Johannes verdanken wir auch das intimste und längste Jesusgebet des Neuen Testamentes. Als ich an meinem Buch schrieb, habe ich mich intensiv mit diesem Gebet befasst und darüber eine Predigt gehalten. Für das Gesamtverständnis dieses Evangeliums und auch meines Buches ist es wichtig und richtig, dass meine Leserinnen und Leser diese Predigt lesen können.

***

Das Intimgebet Jesu

Predigt über Johannes 17 im ökumenischen Mittwochgottesdienst vom 8. Januar 2020, gehalten in der Krypta der katholischen Dreifaltigkeitskirche in Bern

1 So redete Jesus, und er erhob seine Augen zum Himmel und sprach: Vater, die Stunde ist gekommen, verherrliche deinen Sohn, damit der Sohn dich verherrliche. 2 Denn du hast ihm Macht gegeben über alle Sterblichen, damit er alles, was du ihm gegeben hast, ihnen gebe: ewiges Leben. 3 Das aber ist das ewige Leben: dass sie dich, den einzig wahren Gott, erkennen und den, den du gesandt hast, Jesus Christus. 4 Ich habe dich auf Erden verherrlicht, indem ich das Werk vollendet habe, das zu tun du mir aufgetragen hast. 5 Und nun, Vater, verherrliche du mich bei dir mit der Herrlichkeit, die ich bei dir hatte, ehe die Welt war. 6 Ich habe deinen Namen den Menschen offenbart, die du mir aus der Welt gegeben hast. Sie waren dein, und mir hast du sie gegeben, und sie haben dein Wort bewahrt. 7 Jetzt haben sie erkannt, dass alles, was du mir gegeben hast, von dir kommt. 8 Denn die Worte, die du mir gegeben hast, habe ich ihnen gegeben, und sie haben sie angenommen und haben wirklich erkannt, dass ich von dir ausgegangen bin, und sie sind zu dem Glauben gekommen, dass du mich gesandt hast. 9 Ich bitte für sie; nicht für die Welt bitte ich, sondern für die, die du mir gegeben hast, denn sie sind dein. 10 Und alles, was mein ist, ist dein, und was dein ist, ist mein, und in ihnen bin ich verherrlicht. 11 Ich bin nicht mehr in der Welt, sie aber sind in der Welt, und ich komme zu dir. Heiliger Vater, bewahre sie in deinem Namen, den du mir gegeben hast, damit sie eins seien wie wir. 12 Als ich bei ihnen war, war ich es, der sie in deinem Namen, den du mir gegeben hast, bewahrt und behütet hat, und keiner von ihnen ging verloren ausser der Sohn der Verlorenheit, damit die Schrift erfüllt werde. 13 Jetzt aber komme ich zu dir - doch ich sage das noch in der Welt, damit sie meine Freude in ihrer ganzen Fülle in sich haben. 14 Ich habe ihnen dein Wort gegeben, und die Welt hat sie gehasst, weil sie nicht von der Welt sind, wie auch ich nicht von der Welt bin. 15 Ich bitte nicht, dass du sie aus der Welt hinweg nimmst, sondern dass du sie vor dem Bösen bewahrst. 16 Sie sind nicht von der Welt, wie ich nicht von der Welt bin. 17 Heilige sie in der Wahrheit - dein Wort ist Wahrheit. 18 Wie du mich in die Welt gesandt hast, so habe auch ich sie in die Welt gesandt. 19 Und ich heilige mich für sie, damit auch sie geheiligt seien in der Wahrheit. 20 Doch nicht nur für diese hier bitte ich, sondern auch für die, welche durch ihr Wort an mich glauben: 21 dass sie alle eins seien, so wie du, Vater, in mir bist und ich in dir, damit auch sie in uns seien, und so die Welt glaubt, dass du mich gesandt hast. 22 Und ich habe ihnen die Herrlichkeit gegeben, die du mir gegeben hast, damit sie eins seien, so wie wir eins sind: 23 ich in ihnen und du in mir. So sollen sie vollendet sein in der Einheit, damit die Welt erkennt, dass du mich gesandt und sie geliebt hast, so wie du mich geliebt hast. 24 Vater, ich will, dass dort, wo ich bin, auch all jene sind, die du mir gegeben hast, damit sie meine Herrlichkeit schauen, die du mir gegeben hast, denn du hast mich geliebt vor Grundlegung der Welt. 25 Die Welt, gerechter Vater, hat dich nicht erkannt, ich aber habe dich erkannt, und diese hier haben erkannt, dass du mich gesandt hast. 26 Und ich habe ihnen deinen Namen kundgetan und werde ihn kundtun, damit die Liebe, mit der du mich geliebt hast, in ihnen sei und ich in ihnen.

Liebe Gemeinde,

in den Achtzigerjahren war ich während zwei Monaten Gastprediger in Washington DC in einer riesengrossen schwarzen Gemeinde. Sonntag für Sonntag habe ich zu dreitausend Menschen gepredigt, tausendfünfhundert am Morgen und tausendfünfhundert am Abend. Ich bin bekannt für meine langen Predigten, doch meine Predigten bei den afroamerikanischen Christen dauerten damals noch länger als heute; denn ich wurde immer wieder durch begeisterte Zurufe unterbrochen. Die Männer und Frauen sprangen des Öfteren von ihren Bänken und riefen: «Yes, Brother, hallelujah, say this again!» Vieles bei diesen wunderbaren Menschen hat mich bewegt, vor allem auch der Glaube und die Liebe des alten Ehepaares, bei dem ich wohnte. Freddy hörte sehr schlecht, und wie viele Schwerhörige hatte er eine überaus laute Stimme. Freddy pflegte oft stundenlang laut zu beten, und obwohl sein Zimmer weit von meiner Studierstube entfernt war, verstand ich jedes Wort. Es waren äusserst intime Gebete. In poetischen Worten machte er seinem Herrn Liebeserklärungen. Er dankte ihm innig für die wunderbarste aller Ehefrauen, mit der er so viele Jahre zusammen war; er dankte für den Schweizer Gast im Haus, für meine Frau und Kinder in der Schweiz; er betete für Erleuchtung und Heiligen Geist, dass durch mein Predigen sich noch manches Leben verändern möchte. Es tat mir fast leid, all das zu hören. Solche Intimitäten waren doch nicht für die Öffentlichkeit bestimmt; das war die Liebesbeziehung zwischen Freddy und seinem geliebten Herrn. Doch mein Gastgeber hatte nun einmal diese laute Stimme. Freddys Gebete trafen mich mitten ins Herz und mir wurden dabei die Augen nass.

Ich kann jetzt nur hoffen, dass auch euch die Augen nass werden; denn ihr seid heute Abend in derselben Situation. Ihr seid Zeugen eines ganz intimen und innigen Gebets. Es ist nicht Freddy, der hier betet, sondern Jesus, und er weiss, dass er nur noch wenige Stunden zu leben hat. Nach diesem Gebet wird er mit seinen Jüngern in den Garten Gethsemane gehen. Im Garten Gethsemane hören wir den Menschen Jesus seine ganze Angst aus sich herausschreien. Im Gebet, das wir gelesen haben, betet Jesus, der Hohepriester. Das Haus, in dem er betet, ist nur einen Steinwurf vom Tempel entfernt. Es ist Passahzeit. In der Passahzeit geht der Priester in das Allerheiligste und betet für sein Volk. Dann verlässt er das Allerheiligste und schlachtet ein Opferlamm, und durch das Opfer sollen die Gebete in Kraft gesetzt werden. Und hier, in allernächster Nähe zum Tempel betet der Hohepriester Jesus, der göttliche Hohepriester, der sich selber als Lamm Gottes darbringt.

Wir singen miteinander: *Christe, du Lamm Gottes, der du trägst, die Schuld der Welt.*

In seinem intimen Gebet betet Jesus um dreierlei: erstens um Verherrlichung, zweitens für die Jünger, die er zurücklassen wird, und drittens betet er für dich und für mich.

1. Die Verherrlichung

Vater, die Stunde ist gekommen, verherrliche mich am Kreuz.

Die Kreuzigung ist eine qualvolle Todesart, wo man stirbt durch Ersticken. Um nicht zu ersticken, richtet sich der Gekreuzigte auf seinen Füssen auf. Das ist furchtbar schmerzhaft, sodass er sich wieder sinken lassen muss, und dann setzt wieder das Ersticken ein. Aufrichten, sinken lassen, ersticken, aufrichten, ersticken, aufrichten, stundenlang, und das in der glühenden Sonne. Und die Gekreuzigten sollen erniedrigt werden. Es ist eine öffentliche Hinrichtung. Da sitzen Leute mit ihren Picknickkörben und geniessen das Schauspiel, sie dürfen ihren Spott treiben mit dem Mann am Kreuz. «Andern hat er geholfen, soll er sich doch jetzt selber helfen und vom Kreuz herabsteigen, der grosse Wundertäter!» – «Eli, Eli, lama sabachthani.» – «Oh, er ruft den Propheten Elia. Oje, wo bleibt denn dieser Elia? Hörst du denn nicht, Elia? Bist du taub, Elia? Hahaha!» Die Zuschauer dürfen den Gekreuzigten anspucken und mit Dreck bewerfen. Nach der Thora ist ein Gekreuzigter von Gott verworfen (5. Mose 21,23). Es wird dem Sterbenden also noch die letzte Hoffnung genommen. Kreuzigung ist die scheusslichste Erniedrigung, die man sich vorstellen kann.

Jesus weiss, dass er in diese Erniedrigung hineingeht. Und er betet: *Vater, verherrliche mich, damit du verherrlicht wirst.*

Verherrlichung ist etwas, das wir sehr wohl kennen. Wer wird Superstar? Wer wird Schwingerkönig? Spieglein, Spieglein an der Wand, wer ist die Schönste im ganzen Land? «Ich jedenfalls nicht», klagt eine Frau, «meine Brust ist zu klein, zu gross, meine Nase hat nicht die ideale Wölbung, ich muss meine Falten liften lassen.» Ein anderer: «Ich muss möglichst viel Geld haben; dann bin ich jemand. Ich muss Macht haben; dann bin ich verherrlicht.» Oder auch: «Make America great again.»

Verherrlichung im intimen Gebet Jesu ist etwas ganz anderes als die Ego-Verherrlichung, die wir normalerweise kennen.

Verherrliche deinen Sohn, damit der Sohn dich verherrliche. 2 Denn du hast ihm Macht gegeben über alle Sterblichen, damit er alles, was du ihm gegeben hast, ihnen gebe: ewiges Leben. 3 Das aber ist das ewige Leben: dass sie dich, den einzig wahren Gott, erkennen und den, den du gesandt hast, Jesus Christus.

Das ewige Leben ist für uns das Leben nach dem Tod. Nicht so für die Bibel. Das ewige Leben in der Heiligen Schrift ist das Leben des ewigen Gottes in uns bereits hier und jetzt. Nach dem Tod auch, aber zunächst einmal hier und jetzt. Es ist das Leben Christi in uns. *Ecce homo*, sagt der römische Hauptmann beim Kreuz, siehe da, der Mensch; der einzige Mensch, der den Namen Mensch verdient.

Vater, verherrliche du mich bei dir mit der Herrlichkeit, die ich bei dir hatte, ehe die Welt war.

Moses betete einmal, er möchte die Herrlichkeit Gottes schauen (2. Mose 33,20). Und Gott sagte ihm: «Ich werde meine Hand schützend über dich halten, damit du mich nicht sehen kannst. Und wenn ich an dir vorüber gegangen bin, kannst du mir nachschauen. Denn direkt kann niemand in dieses Licht und in diese Starkstromkraft blicken, die ich bin. Diese Kraft streckt jeden tot nieder.»

In Jesus Christus hat diese Kraft ein Gesicht bekommen, das uns nicht tötet. Auf dem Berg der Verklärung haben drei Jünger einmal die Herrlichkeit sehen dürfen, die der Sohn Gottes von aller Ewigkeit her hatte (Mk. 2,9-8). Als Jesus betete, verklärte sich sein Angesicht und sein Gewand wurde strahlend weiss. Und es erschienen Moses und Elia im Lichtglanz. Die drei Jünger waren überwältigt und wollten diese Erfahrung nicht mehr loslassen. Sie wollten auf dem Berg bleiben und Hütten bauen. Und Jesus sagte: «Nichts da Hütten, zurück in den Alltag.»

Etwas Ähnliches hat Paulus mehrmals erlebt. Das erste Mal fiel er vom Pferd und war so geblendet, dass er ein paar Tage lang blind war (Apg. 9,1ff.). Im zweiten Korintherbrief schreibt er: *Ich wurde in das Paradies entrückt und hörte unaussprechliche Worte, die ein Mensch nicht aussprechen kann.* (2. Kor. 12,1-4) Und auch er wollte bleiben und Hütten bauen: *Es wird mir von zwei Dingen hart zugesetzt, indem ich Lust habe abzuscheiden und bei Christus zu sein; denn das wäre bei weitem das bessere, aber am Leben zu bleiben ist nötiger um euretwillen.* (Phil. 1,23)

Diese Sehnsucht nach dem Hütten-Bauen, dem Eintauchen in die Herrlichkeit Gottes kannte auch die heilige Theresa von Avila. Wenn sie in tiefes Gebet versank, konnte man sie mit Nadeln stechen, ohne dass sie es spürte. Sie war in einer anderen Welt – sie war im Himmel. Wenn sie aus ihrer Gebetstrance erwachte, weinte sie bitterlich und klagte: «Wenn man die Herrlichkeit Gottes erlebt hat, ist selbst das schönste Leben hier und jetzt nicht mehr zu ertragen.» Sie hätte gerne die Herrlichkeit Gottes festgehalten, hätte gerne Hütten gebaut. Dabei war Theresa keine

154

weltfremde Frau. Sie reorganisierte das damalige Klosterleben. Sie verstand sehr viel von Politik, Fürsten suchten bei ihr Rat.

Nun denkt ihr, das mag bei Paulus so gewesen sein und bei einigen Heiligen im Mittelalter, aber heute gibt es dieses Erleben der Herrlichkeit Gottes nicht mehr. O doch, das gibt es. Ich habe an zwei Trauerfeiern die Predigt gehalten, bei denen es um das Erleben der Herrlichkeit Gottes und um das Hütten-Bauen ging, um das Festhalten der Herrlichkeit, um das Nicht-mehr-leben-Können ohne sie. Die erste Abschiedsfeier war vor vielen Jahren diejenige für eine lebenssprühende junge Frau, die sich aus Liebe zu Christus von der Kirchenfeldbrücke stürzte. Und während ich an diesem Buch schreibe, habe ich die Abschiedspredigt für einen weiterum bekannten Pfarrer gehalten. Er ist zwar eines natürlichen Todes gestorben, aber zweimal in seinem Leben ist er auf das Geländer der Brücke geklettert und wollte sich voller Christussehnsucht in die Tiefe stürzen. Doch beide Male hat eine Stimme gesagt: «Stopp!» Diesen Pfarrer habt ihr zwar nicht gekannt, denn er ist nicht zum Imbiss geblieben, aber ihr habt ihn gesehen; er war zweimal hier in unserem Mittwochgottesdienst. Die Herrlichkeit Gottes kann eine unglaubliche Erfahrung sein.

Das ist der erste Punkt im intimen Gebet Jesu: *Vater, verherrliche mich am Kreuz, damit du verherrlicht wirst.* Wir kommen zum zweiten Punkt in diesem intimen Gebet Jesu.

2. Jesus betet für die Jünger, die er in der Welt zurücklassen wird

> *Ich bin nicht mehr in der Welt, sie aber sind in der Welt; und ich komme zu dir, Vater: bewahre sie … Ich bitte nicht, dass du sie aus der Welt hinweg nimmst, sondern dass du sie vor dem Bösen bewahrst.*

Wenn ein Kind stirbt, sagen fromme Leute manchmal etwas, das zwar gut gemeint ist, aber keinen Trost bietet: «Gott hat das Kind vor viel Schrecklichem bewahrt und es aus dieser schlimmen Welt hinweg genommen.» Jesus betet etwas ganz anderes: *Ich bitte nicht, dass du sie aus der Welt hinweg nimmst, sondern dass du sie vor dem Bösen bewahrst.*

Unmittelbar nach der Kreuzigung waren die Jünger derart verzweifelt, dass sie sich ohne weiteres hätten das Leben nehmen können. Judas hat es getan, und Petrus stand kurz davor. Aber: *Ich bitte nicht, dass du sie aus der Welt hinweg nimmst, sondern dass du sie vor dem Bösen bewahrst.* Doch wie wir gehört haben, kann man sich nicht nur aus Verzweiflung das Leben nehmen, sondern sogar aus Himmelssehnsucht. Und wenn wir an die islamistischen Selbstmordterroristen denken, ist das eine hochaktuelle Warnung. *Ich bitte nicht, dass du sie aus der Welt hinweg nimmst.* Jesus schickt uns mitten in die Welt.

> *Wie du mich in die Welt gesandt hast, so habe auch ich sie in die Welt gesandt.*

Auf die Jünger wartet eine riesengrosse Aufgabe. Paulus nennt die Gemeinde den Leib Christi. Wenn wir so etwas hören, durchzucken uns augenblicklich negative Gedanken. Allzu oft war die Kirche das Gegenteil von Christus. Aber es darf auch gesagt werden, dass das römische Reich innerhalb von dreihundert Jahren ohne Gewaltanwendung christlich wurde. Und Jesus hat in seinem Gebet nicht finstere Gedanken. Er sagt:

> *Sie haben dein Wort bewahrt.*

Das gilt auch von Petrus, der ja Christus zunächst sogar verleugnet. Dieser einfache Fischer schafft es bis Rom. Und es gilt vom ungläubigen Thomas, der bis nach Indien gelangt ist. Es gibt in Indien eine uralte orientalische Kirche, die Mar-Toma-Kirche, die ihren Ursprung auf den Apostel Thomas zurückführt.

> *Sie haben dein Wort bewahrt.*

Wir kommen zum dritten Punkt im intimem Jesusgebet.

3. Jesus betet für dich und für mich

Für diesen dritten Teil des Jesusgebets singen wir das Lied, das euch auf einem Blatt verteilt worden ist. Wir singen es so, wie ich es immer gesungen habe, in drei Sprachen:

> *Vater, mach uns eins, Vater, mach uns eins,*
> *dass die Welt erkennt, du hast den Sohn gesandt;*
> *Vater, mach uns eins.*
> *Père, unis-nous tous, Père, unis-nous tous*
> *que le monde croie à ton amour;*
> *Père, unis-nous tous.*
> *Father make us one, Father make us one,*
> *that the world may know you have sent the son;*
> *Father, make us one.*

Mit diesem Gesang habt ihr euch bereits in das Gebet hineinbegeben, das Jesus für dich und mich betet.

> *Doch nicht nur für diese hier – also für die damaligen Jünger und Jüngerinnen – bitte ich, sondern auch für die, welche durch ihr Wort an mich glauben, dass sie alle eins seien, so wie du, Vater, in mir bist und ich in dir, damit auch sie in uns seien, und so die Welt glaubt, dass du mich gesandt hast.*

> *Dass sie alle eins seien.*

Mindestens einmal im Jahr gehe ich in einen evangelikalen Gottesdienst. Einiges gefällt mir bei den Evangelikalen, zum Beispiel die vielen jungen Leute. Anderes gefällt mir weniger bis überhaupt nicht, aber die Evangelikalen sind meine Brüder und Schwestern. Zwischen evangelisch und katholisch sind wir bereits auf guten Wegen; jedenfalls in der Schweiz, und ganz besonders bei uns in Bern. Dass wir ausgerechnet am Tisch der Einheit, am Tisch des gemeinsamen Essens und Trinkens, offiziell immer noch getrennt sind, schreit zum Himmel. Aber wir in diesem Gottesdienst sind sehr gut unterwegs.

Dass wir eins seien, damit die Welt erkennt: du hast den Sohn gesandt.

In dieser Welt der Trennung wäre eine Familie der Brüderlichkeit und Schwesterlichkeit in der Tat ein Stück göttliche Herrlichkeit.

Ich in ihnen und du in mir.

Du, Vater, in mir, Christus – das ist Dreieinigkeit. *Ich in ihnen* – das ist Viel-Einigkeit, sogar mehr als das; das ist All-Einigkeit.

Vater, ich will, dass dort, wo ich bin, auch alle jene sind, die du mir gegeben hast, damit sie meine Herrlichkeit schauen.

Welch ein Gebet! Welch ein atemraubendes Gebet! Es verschlägt einem die Sprache. Wir blicken Jesus Christus ins Herz; wir schauen seine und unsere Herrlichkeit.

Wir machen jetzt eine kleine Meditation. Ich lese ganz langsam einzelne Sätze aus dem Intimgebet Jesu. Nach jedem Satz spielt die Orgel ganz leise. Während der Orgelklänge meditieren wir den gehörten Satz und stellen uns vor, dass zwischen uns und Jesus Christus eine gegenseitige Herzensschau stattfindet. Er schaut uns ins Herz, und wir schauen ihm ins Herz.

Vater, verherrliche deinen Sohn, damit der Sohn dich verherrliche.

Damit ich ihnen die Herrlichkeit gebe, die du mir gegeben hast.

Ich bitte nicht, dass du sie aus der Welt hinweg nimmst.

Gleich wie du mich in die Welt gesandt hast, so sende ich sie.

Dass sie eins seien, wie wir eins sind.

Damit die Welt erkennt, du hast den Sohn gesandt.

Ich will, dass dort wo ich bin, auch sie sind.

Ich in ihnen und du in mir. Amen.

***

Stimmen aus der Diskussionsrunde

«Ich erinnere mich an diese Predigt», sagt eine meiner Bibel-Freundinnen freudig, «die Meditation mit Orgel und Bibelwort am Schluss war ein besonderes Erlebnis.» – «Vielleicht sollte ich auch wieder einmal in einen Gottesdienst gehen», meint ein Ex-Bibel-Verächter nachdenklich. «Seit meinem Austritt aus der Kirche vor zwanzig Jahren war ich nie mehr in einem Gottesdienst.» – «Ich bin gespannt, wie es in dem Buch weitergeht», meint ein Bibel-Neueinsteiger. «Wir sind ja bei der Entstehung des Neuen Testaments. Ich habe schon einmal das Wort *Kanon* gehört. Was ist denn der neutestamentliche Kanon?»

Der Kanon

Kanon ist ein griechisches Wort und steht ursprünglich für den Rohrstab, den man benutzte, um Längen und Breiten zu messen. Daraus entwickelte sich die Bedeutung «Liste von Büchern mit apostolischem Gewicht». In den urchristlichen Gemeinden wurden die verschiedensten Schriften herumgeboten, die den Glauben stützten oder umgekehrt ihn bekämpften. Es gab schon damals Leute, die wie heute Dan Brown christliche Thriller schrieben, die von gewissen Kreisen als echte Zeugnisse geglaubt wurden. In Dan Browns Buch *Das Sakrileg* ist Jesus mit Maria Magdalena verheiratet und hat mit ihr Kinder. Für eine solche Ehe gibt es in der Antike weder in christlichen noch in nichtchristlichen Schriften die geringste Spur, doch es gibt Leserinnen und Leser des Brown-Thrillers, für die *Das Sakrileg* historische Tatsache ist. Bereits in der Antike gab es Schriften mit skurrilen Inhalten: Jesus konnte als Säugling sprechen und seine Mutter in Schutz nehmen, als böse Zungen behaupteten, der Säugling sei aus Unzucht entstanden. Der sprechende Säugling hat es nicht in das Neue Testament geschafft, wohl aber in den Koran. Ebenfalls in den Koran wurde eine Geschichte aufgenommen, wonach das Kind Jesus ausgerechnet an einem Sabbat aus Lehm Vögel geformt hatte. Als er deswegen getadelt wurde, bewies er seine göttliche Autorität, indem er den Lehmvögeln Leben einhauchte und sie fliegen liess. Weder in der Bibel noch im Koran steht dagegen die Erzählung von dem bösartigen Knaben Jesus, der sich beim Spielen nicht mit seinem Spielkameraden verstand; in einem Wutanfall verwandelte der Bub, der übernatürliche Kräfte besass, seinen Spielkameraden in einen dürren Baum.

Unter so vielen widersprüchlichen Schriften musste eine Auswahl getroffen werden. Die Kanonisierung fand nicht durch einen kirchlichen Beschluss statt, sondern durch Gebrauch und Nichtgebrauch. Gewisse Erzählungen galten in den Gemeinden schon bald einmal als zu absurd, als dass man ihnen hätte Glauben schenken können. Andere waren zu weit von den historischen Ereignissen rings um Jesus Christus entfernt, als dass sie hätten Geltung erlangen können. Das Thomasevangelium, das trotz seines Namens nicht vom Apostel Thomas verfasst wurde, enthält zwar tiefsinnige Sätze, die vielleicht sogar von Jesus stammen können oder ihm jedenfalls glaubhaft zugeschrieben wurden.

Ihr könnt nicht gleichzeitig auf zwei Pferden reiten und nicht gleichzeitig zwei Bogen spannen, auch nicht zwei Herren dienen, ohne den einen zu achten und den andern zu verachten.

Spalte ein Stück Holz und du findest mich; hebe einen Stein auf, auch da bin ich.

Wenn eure Führer euch sagen: «Seht, das Königreich liegt im Himmel», so werden die Vögel des Himmels vorausgehen. Wenn sie euch sagen: «Es ist im Meer», so werden die Fische vorausgehen. Doch das Königreich ist in eurem Innern, und es ist auch ausserhalb von euch. Wenn ihr euch selbst erkennt, dann werdet ihr erkannt, und ihr werdet wissen, dass ihr die Kinder des lebendigen Vaters seid. Aber wenn ihr euch nicht erkennt, dann werdet ihr in der Armut sein und ihr seid die Armut.

Dasselbe Evangelium schreibt Jesus dann aber Aussprüche zu, bei denen jeder Gottesdienstbesucher den Kopf schüttelte und wusste, dass sie nicht von Jesus stammen konnten.

Simon Petrus fordert: «Maria Magdalena soll uns verlassen; denn Frauen verdienen das Leben nicht.» Jesus antwortet ihm: «Seht, ich werde sie männlich machen, sodass sie ein lebendiger Geist wird.»

Trotz vieler guter Sätze konnte ein solches Evangelium unmöglich in den Kanon aufgenommen werden.

Im Kanon Muratori aus dem Jahre 160 sind die bekannten vier Evangelien Matthäus, Markus, Lukas und Johannes sowie die Paulusbriefe bereits fester Bestandteil des neutestamentlichen Kanons. Die übrigen Briefe und zuletzt die Offenbarung des Johannes gehören erst im vierten Jahrhundert dazu.

Frohe Weihnachten

«Es ist spannend, miterleben zu dürfen, wie die Bibel entstanden ist.» Es ist ein Ex-Bibel-Verächter, der das sagt. «Bei den apokryphen Evangelien hat mich der sprechende Säugling Jesus gerührt, der seine Mutter verteidigt hat, und an den zu Leben erweckten Lehmvögeln habe ich meine helle Freude. Schade, dass diese Geschichten nur im Koran zu finden sind, aber nicht in der Bibel.» Eine Bibel-Freundin ist nicht dieser Meinung. Und man merkt, sie hat immer noch biblizistische Gedanken. «Im Neuen Testament stehen nur Geschichten, die wörtlich zu verstehen sind. Ich habe zwar begriffen, dass es im Alten Testament Mythen gibt, doch im Neuen Testament nicht. Jesus hat als Säugling nicht gesprochen und er hat keine Lehmvögel davonfliegen lassen. Aber dass Maria Jesus jungfräulich geboren hat und dass Engel musiziert haben und drei Könige aus dem Morgenland gekommen sind, um ihn anzubeten, das ist wörtlich passiert. Das ist meine Überzeugung.» Eine andere Bibel-Freundin wehrt ab: «Von Königen steht nichts in der Bibel, es waren Magier. Und von drei steht auch nichts, es können eine ganze Menge gewesen sein. Aber für mich ist diese Geschichte ohnehin ein Mythos. Die Verheissung, dass Jesus von einer Jungfrau geboren werden muss, ist ein Übersetzungsfehler. Das hebräische *Alma* in Jesaja 7,14 – das habe ich schon im Konfirmandenunterricht gelernt – heisst wörtlich junge Frau.» Alle schauen mich gespannt an. «*Alma* heisst in der Tat junge Frau oder aber Jungfrau», pflichte ich ihr bei. «Die Stärke der hebräischen Sprache ist ihre Mehrdeutigkeit. Die katholische Hierarchie hält an der Jungfräulichkeit Marias fest. Was die katholischen Theologen sagen, ist eine andere Sache. Ich will jedoch nicht unerwähnt lassen, dass selbst der grosse reformierte Theologe Karl Barth an dem Dogma der Jungfräulichkeit festhält. Er sagt, dass mit Jesus Christus etwas derart Neues anfängt, dass es sich nicht mit den gewohnten Massstäben ausdrücken lässt. Doch Barth ist manchmal fast ebenso mehrdeutig wie die hebräische Sprache. Mir hat er in seiner humorvollen Art persönlich gesagt: «Uns Männern, die wir uns so viel einbilden auf unsere Zeugungskraft, tut es ganz gut, zu lernen, dass es auch ohne uns Supermänner geht.»

Mit den Augen der historisch-kritischen Methode gelesen steht die jungfräuliche Geburt Jesu auf schwachen Füssen. Sie wird einzig in der Weihnachtsgeschichte des Matthäus und des Lukas vorausgesetzt. Sonst ist davon im ganzen Neuen Testament nirgendwo etwas zu lesen. Paulus kennt sie nicht, und Maria, die mit ihren erwachsenen Kindern versucht, den Erstgeborenen wieder nach Hause zurückzuholen, weil die Familie den Eindruck hat, durch seine Tätigkeit habe Jesus bewiesen, dass er von Sinnen sein, verhält sich auch nicht gerade konform zur Weihnachtsgeschichte (Mk. 3,21; 3,31). Auch die Herkunft des Messias als Davids Nachkomme wäre dann keine blutsmässige Abstammung mehr, sondern nur noch eine davidische Nachkommenschaft durch Adoption.

Barths Auslegung gefällt mir gut, sowohl seine theologische Aussage, dass Gott etwas völlig Neues schafft, als auch seine psychologische Deutung mit der Zurückstutzung der Einbildung der Männer. Für mich selber hat die jungfräuliche Geburt spirituelle Bedeutung: Was nützt uns der dogmatische Glaube an Christus, wenn Christus nicht in unseren Herzen geboren wird? Wir alle, ob Frauen oder Männer, sind eine Maria, die Jesus in sich trägt. Wo diese Neugeburt stattfindet, ist das eine Zeugung einzig und allein durch den Heiligen Geist. Ein zivilrechtlicher Eintrag *Jesus, Sohn des Joseph aus dem Stamme David und der Maria, Tochter des Joachim und der Anna, Wohnort Nazareth, Heimatort Bethlehem* hätte keine Kraft.

Pfarrer mit Redetalent sind Schauspieler. Mit Wärme denke ich an die Weihnachtsfeiern meiner Kindheit zurück. Ich begann meine schauspielerische Laufbahn als Hirte, meine Cousine stand als Engel auf einem Stuhl und sang: «Vom Himmel hoch, da komm ich her.» Ein Jahr später war ich der Wirt der Herberge. Doch ich gestehe, dass ich auch als Herodes meine Sache gut gemacht habe. Ich erinnere mich, dass ich beim Kindermord von Bethlehem in die Mandarinen unter dem Weihnachtsbaum biss, dass das Blut nur so spritzte.

Bei diesem Geständnis muss sogar die Ex-Biblizistin – pardon: die Bibel-Freundin – lachen.

Selbst im hohen Alter lasse ich meine Fantasie und Kreativität weiterhin um die Weihnachtsgeschichte kreisen. Ich habe eine Weihnachtslegende geschrieben, die ich meinen Bibel-Freundinnen und -Freunden nicht vorenthalten will.

***

Der Weihnachtskaktus

Als Gott das Universum erschuf, die Sonne, den Mond, die Sterne, die Pflanzen und Tiere, die Männer und Frauen, da erschuf er selbstverständlich auch den Kaktus. Die Sonne, den Mond und die Sterne hängte er an den Himmel. Es gefiel ihnen dort; mit ihrem Licht beleuchteten sie die Erde. Mit den Blumen und Bäumen machte Gott Wiesen und Wälder. Die Blumen und Bäume waren begeistert, Wiesen und Wälder sein zu dürfen. Die Fische liess Gott im Wasser schwimmen, die Vögel in der Luft fliegen, die Elefanten und Löwen waren in der Steppe zuhause. Für die Menschen war das Paradies bestimmt und für den Kaktus die Wüste. Die Fische fühlten sich wohl im Wasser, den Vögeln gefiel der Luftraum genau so gut wie den Elefanten und Löwen die Steppe. Einzig die Menschen und die Kaktusse beklagten sich. Den Kaktussen gefiel die Wüste überhaupt nicht, und für die Menschen war das Paradies zu schön. Keine Probleme zu haben, war für sie langweilig.

Doch sprechen wir von den Kaktussen. Die Kaktusse sind starke Pflanzen, dauerhaft, zäh, kämpferisch und verschlagen. Wenn du nicht aufpasst, stechen sie dich. Die Wüste hat sie so geprägt. Weder die Hitze der Sonne noch die Kälte der Nacht, weder

Trockenheit noch Überschwemmung, weder der Sand noch der Sturm können ihnen etwas anhaben.

Oh, beinahe hätte ich es vergessen – damals trugen die Kaktusse weder Blüten noch Früchte. Sie empfanden das als ungerecht und benahmen sich aus diesem Grund besonders bissig.

Jahrtausende verstrichen. Eines Tages gewahrten die Kaktusse in der Wüste ein Grüpplein von drei Personen: einen Mann, der einen Esel führte, und auf dem Esel eine Frau mit einem kleinen Buben. Für die meisten Reisenden endete die Reise beim Kaktusfeld. Selbst wenn die Kaktusse es gewollt hätten, würden sie keinem Reisenden einen Durchgang geöffnet haben; doch ihnen war ohnehin jegliche Retterabsicht fremd. Die Menschen pflegten vor dem Kaktusfeld vor Hunger und Durst zu sterben. Den Kaktussen war klar, dass auch diese kleine Gruppe, Vater, Mutter und Kind samt Esel, dem Tod geweiht war. Vater, Mutter und Kind waren in grosser Eile aufgebrochen. Sie waren Flüchtlinge. Sie hatten ihre Reise, die Kleidung, die Nahrung und das Wasser, nicht gross vorbereiten können. Das bisschen Brot und die paar Tropfen Wasser, die sie hatten ergreifen können, als sie Hals über Kopf in die Wüste hinaus hatten rennen müssen, waren längst aufgebraucht. Die Flüchtlinge verfügten über keinerlei Wüstenerfahrung. Sie hatten keine Ahnung, was in der Wüste essbar war und wie man Wasser finden konnte. Doch selbst wenn sie das alles gewusst hätten, würde es ihnen nichts genützt haben, denn die Verfolger hatten ihre Spur gefunden. Die Soldaten eines grausamen Königs ritten auf schnellen Pferden hinter ihnen her. Sie befanden sich bereits in Sichtweite. Die Kaktusse hörten, wie die Frau weinte: «Warum nur hat Gott uns aus der Hand der blutgierigen Soldaten errettet, als all die unschuldigen Kindlein sterben mussten, wenn wir trotzdem umkommen? Wir werden Ägypten niemals erreichen. Hinter uns sind die Soldaten, vor uns die Kaktusse. Wir wollen uns in Stacheln der Kaktusse werfen. Es ist besser, von den Kaktussen aufgespiesst als von den Soldaten zu Tode gefoltert zu werden.»

Als die Kaktusse die Familie anblickten, verspürten sie ein ihnen bislang unbekanntes Gefühl: Mitleid und Liebe. Sie wussten: Sie würden alles getan haben, um einen Durchgang für die kleine Familie zu öffnen und sie vor den Soldaten zu verteidigen. Aber Kaktusse sind nun einmal Kaktusse, die sich nicht von der Stelle bewegen können. Sich zu öffnen, war für die Kaktusse unmöglich, und die Soldaten konnten sie nicht von sich aus töten. Diese würden erst sterben, wenn sie den Stacheln zu nahe kämen. Doch das galt auch für die kleine Familie. Grosse Safttropfen wurden auf den stachligen Blättern sichtbar; die Kaktusse weinten.

Der kleine Junge löste sich aus den Armen der Mutter und sprang zu Boden. Er griff mitten in die Kaktusse hinein. War das sein Tod? Die Kaktusse weinten noch viel mehr. «Kaktusse, öffnet euch», sprach das Kind mit sanfter Stimme. Die Kaktusse vermochten kaum zu glauben, wie ihnen geschah; sie öffneten sich wie Tore. Mit ihren Stacheln berührten sie zwar die drei Menschen und den Esel, doch nicht, um sie damit zu stechen, sondern um sie zu liebkosen. Hinter der Familie schloss sich das Stachelfeld.

Die Soldaten verstanden die Welt nicht mehr. Vor ihren Augen waren die Opfer, nach denen sie bereits die Hände ausgestreckt hatten, verschwunden. Da sie nun keine Menschen morden konnten, ergriffen sie eine Wüstenziege, die sich in den Stacheln verfangen hatte. Sie töteten das Tier und färbten mit dem Blut einen Mantel. «Wir werden dem König beibringen, dass es sich um das Blut dieser drei Menschen handelt», sagten sie. «Kommt, wir kehren um!»

Die Kaktusse hatten eine Lichtung um den Vater, die Mutter, das Kind und den Esel gebildet. Vater und Mutter setzten sich. Die stachligen Stämme dienten ihnen als Kissen. Das Kind kletterte auf einen hohen Kaktus. «Dort reiten die Soldaten davon», jauchzte es. Dann küsste es den Kaktus und sprach: «Danke, lieber Kaktus, dass du mir als Aussichtsturm gedient hast.» Die Kaktusse schauten sich gegenseitig an. Wie wunderschön sie auf einmal waren! Jede einzelne Kaktusträne hatte sich in eine Blüte von aussergewöhnlicher Schönheit verwandelt. Tausende von Blüten funkelten wie Edelsteine – rot, golden, blau, violett, orange. Einige waren bereits zu Früchten geworden. Wie herrlich diese Früchte schmeckten! Der Vater, die Mutter, das Kind und der Esel assen nach Herzenslust. Die Kaktusse gaben bereitwillig, was sie besassen, und waren glücklich dabei. Ein einziger Kaktus – oder besser gesagt: eine Kaktussin – war noch blüten- und früchtelos. Es war der geküsste Kaktus. Ganz versunken in das Liebeserlebnis mit dem Kind stand er da und genoss immer noch den Kuss. Dass er nicht blühte, schien ihm nichts auszumachen. Doch als die Nacht hereinbrach und der Mond mit seinem Silberlicht die Kaktussin berührte, da ereignete sich etwas Wunderschönes. An der Stelle, wo das Kind den Kaktus geküsst hatte, öffnete sich eine silberne Blume in Form einer Krone. Als die übrigen Kaktusse das sahen, verbeugten sie sich und sprachen ehrfürchtig: «Ein grosser König hat dich geküsst. Du bist die Königin der Nacht.»

Am nächsten Tage öffneten die Kaktusse den Kreis, und die kleine Familie setzte die Reise nach Ägypten fort.

Seit diesem Ereignis tragen die Kaktusse Blüten und Früchte. Und jedes Jahr in einer Nacht trägt die Königin der Nacht ihre wunderschöne Krone.

***

Meinen Bibel-Freundinnen und -Freunden scheint meine Legende zu gefallen. Ein Ehepaar ist ganz besonders begeistert. «Wir haben einen Kaktus, der seine Blüten mitten in der Nacht öffnet. Wenn er so weit ist, laden wir unsere Freunde und Nachbarn ein; wir essen und trinken etwas und warten gespannt auf den Augenblick, wo sich das Wunder ereignet und sich die Blüten öffnen. In Zukunft werden wir ihnen diese Legende erzählen.» – «Und ich werde sie an der nächsten Seniorenweihnacht der Kirchgemeinde vorlesen», sagt eine freiwillige kirchliche Mitarbeiterin eifrig.

«Darf ich sie ins Internet stellen?», fragt ein junger Bibel-Neueinsteiger. «Nicht nötig», antworte ich, «dort steht sie bereits. «Ich bin gespannt, wie das Buch weitergeht, mit der Entstehung der Bibel», meint die zur Bibel-Freundin gewordene Biblizistin. «Wie ist aus den Schriftrollen die Buchform entstanden? Und wie war das mit den Übersetzungen?» Der ehemalige Bibel-Verächter nickt: «Das wiederum weiss ich. Aus dem Geschichtsunterricht erinnere ich mich, dass Martin Luther der erste war, der die Bibel übersetzte, beides, das hebräische Alte Testament und das griechische Neue Testament. Durch seine Übersetzung wurde er zum Vater der deutschen Sprache.» Strahlend schaut er mich an und wartet auf ein Lob. «Sehr gut», antworte ich, «aber es gibt dazu noch einiges zu sagen. Luther war nicht der erste, der das Alte und das Neue Testament in eine andere Sprache übersetzte. Die erste Übersetzung war die Vulgata.» – «Vulgata? Nie gehört. Was ist das?» Die meisten schauen mich verblüfft an. Einzig ein Ex-Biblizist, der sich noch kaum geäussert hat, sagt stolz: «Die Vulgata ist die Übersetzung der hebräischen und der griechischen Bibel in die lateinische Sprache. Die Vulgata galt in der katholischen Kirche jahrhundertelang als die allein gültige Bibel, und sie durfte nicht in andere Sprachen übersetzt werden; die Messe wurde bis zum zweiten vatikanischen Konzil lateinisch gefeiert. Aber es gab trotzdem noch andere Bibelübersetzungen.» – «Das ist richtig. Es gab weitere Übersetzungen. Eine besondere Übersetzung war die Übersetzung von Bischof Wulfila in die gotische Sprache.» – «Wenn Gotisch so etwas ist wie Urgermanisch, müssten wir die gotische Bibel wenigstens teilweise verstehen können», sagt der Ex-Biblizist hoffnungsvoll. Ich schüttle zweifelnd den Kopf. «Ihr könnt es ja versuchen; ich habe in meinem Buch das Vaterunser auf Gotisch abgedruckt.»

Das Vaterunser auf Gotisch

Atta	unsar	du	in	himinam	weihnai	namo	dein
Vater	unser	du	in	Himmel	geweiht	Name	dein

Qimai	diudinassus	deins	wardai	wilja	deins
Komme	Reich	dein	werde	Wille	dein

Swe	in	himna	jah	ana	airdai	hlaif	unsarana
so	in	Himmel	und	auf	Erde	Laib	unseren

bana	sinteinan	gif	uns	himma	daga	jah	aflet	uns
diesen	täglichen	gib	uns	diesen	Tag	und	vergib	uns

datei	skulans	siljaima	swasme	jah	weis	afletam
die	schuldig	sind	so wie	auch	wir	vergeben

daim	skulam	unsaraim	jah	ni	briggais	uns	in
denen	schuldig	uns	und	nicht	bringe	uns	in

fraistubnjai	ak	lausai	uns	of	damma	ubilin
Versuchung	sondern	erlöse	uns	von	diesem	Übel

Unte	deina	ist	diudangardi	jah
Denn	dein	ist	Reich	und

Mahts	jah	wuldus	in	aiwins	amen
Macht	und	Herrlichkeit	in	Ewigkeit	Amen

«Allzu viel hätten wir von diesem gotischen Vaterunser wohl nicht verstehen können», finden meine Bibel-Freundinnen und Bibel-Freunde. «Kann man diese Sprache lernen wie Lateinisch und Altgriechisch?», will einer wissen. «Ja, das kann man. Ich bin allerdings bislang erst einer einzigen Person begegnet, welche des Gotischen mächtig ist, und das ist erst noch ein Italiener.»

Die Bibelübersetzungen

Im fünften Jahrhundert gingen die Bibelschreiber dazu über, die alten Texte auf zurechtgeschnittene Pergament- oder Papyrusseiten zu schreiben und aufeinanderzulegen. Im Unterschied zu den früheren Schriftrollen waren diese sogenannten Codices (Einzahl: Codex) nun die Urform des heutigen Buches. Da das alte Latein selbst nach dem Verschwinden der lateinischen Sprache bzw. nach deren Umwandlung in andere Sprachen die Sprache der Gelehrten blieb und die neuen Sprachen sich noch nicht gefestigt hatten, ergab sich zunächst keine Notwendigkeit, die Bibel zu übersetzen. Das christliche Volk begnügte sich mit den Bildern und Glasmalereien in den Kirchen. Auch der Gemeindegesang war bis zur Reformation unbekannt. Es waren die Ordensleute, welche die Messe mit ihren gregorianischen lateinischen Liedern begleiteten. Gelegentliche Übersetzungen der Bibel in örtliche Sprachen blieben ohne Folgen und wurden von der Kirche ignoriert. Das änderte sich mit der englischen Übersetzung von John Wyclif 1383. Wyclif äusserte bereits Ideen, die an die spätere Reformation erinnern, und geriet dadurch in einen Konflikt mit der Kirche. Zu seinen Lebzeiten blieb er als angesehener Pfarrer unbehelligt, erst nach seinem Tod wurde er als Irrlehrer verurteilt. Es folgte das päpstliche Bibelübersetzungsverbot. Die Albigenser und die Waldenser, welche die Kirche kritisierten und als häretische Gruppen galten, widersetzten sich dem Verbot und versuchten sich in Bibelübersetzungen. Seit der Verurteilung und Verfolgung dieser Gruppen hütete man sich jedoch in der offiziellen Kirche, die Bibel übersetzen zu wollen.

Das wurde mit der Reformation anders. 1521/22 übersetzte Martin Luther in nur vier Monaten das Alte Testament, und zwar nicht aus der lateinischen Vulgata, sondern aus dem hebräischen Urtext. Die gesamte Bibel erschien im Jahr 1531. Im selben Jahr, sogar einige Wochen vor der Luther-Bibel, erschien Zwinglis Übersetzung:

Die gantze Bibel
der ursprüngliche Ebraischen
und Griechischen Waarheyt nach
auffs aller treüwlichest verteütschet
Getruckt zuo Zürich
bey Christoffel Froschouer
im Jar als man zalt M.D.XXXI

Eine kleine Kostprobe der Sprachentwicklung möchte ich den Leserinnen und Lesern in Form des ersten Satzes aus dem apostolischen Glaubensbekenntnis bieten.

Althochdeutsch

Gilabiu in got fater almachtigen
seephion himmilis enti erda.

Mittelhochdeutsch

Ich geloube an got fater almechtigen
schepfaer himmels unde der erde.

Im Osten Deutschlands hatte es bereits so etwas wie eine kursächsische Kanzleisprache gegeben. Diese war zwar nicht Luthers Sprache, doch da sie weit verbreitet war, stützte er sich auf diese Kanzleisprache und verwob sie mit der Kraft und der Poesie seiner eigenen Worte. Die Zürcher Bibel wurde zwar in der Schweiz und in Süddeutschland besser verstanden als die Luther-Übersetzung, aber es war Luthers Deutsch, das die Sprache prägte und so zur modernen deutschen Sprache wurde.

Die Gesprächsschlussrunde

So, ihr lieben Gesprächspartnerinnen und -partner, ihr Bibel-Freunde und Ex-Allerlei, mit der Bibel in modernem Deutsch sind wir in unserer Zeit angelangt. Wie ist es euch bei unserem Gang durch die Bibelbücher ergangen?

«Also ich bin durchaus über die Bücher gegangen», antwortet als erster ein freundlicher Atheist, «doch ich bleibe, was ich bin. Ich war nie ein Bibel-Verächter, und nach unseren Gesprächen werde ich mich neu in die Bibel vertiefen. Sie ist ja unter anderem das Tagebuch der geistigen Entwicklung der Menschheit. Auf dieser Linie werde ich in der Bibel suchen, ob da auch einiges über mich steht, das ich brauchen kann.» – «Wer sucht, der findet, sagt die Bibel», entgegne ich ihm. «Du wirst finden, was du suchst.» – «Ich werde auch Fachbücher beiziehen, damit ich die Bibel mit der historisch-kritischen Methode lesen kann», ergänzt der Atheist. «Mit der historisch-kritischen Methode wirst du einiges finden», räume ich ein. «Ich habe sie bei diesem Buch auch ein paarmal angewendet, doch mit dieser Methode wirst du so etwas sein wie ein Gerichtsmediziner beim Sezieren einer Leiche. Es wird alles richtig sein, was du findest, aber es wird kein Leben drin sein.» Er nickt. «Ich will es mir merken.» Er ist eben ein nachdenklicher Atheist.

Ich schaue die Ex-Biblizistin an. «Ich kann nach unseren Gesprächen keine strikte Biblizistin mehr sein», bekennt sie, «aber evangelikal möchte ich durchaus bleiben. Ich bin eine bekehrte, wiedergeborene Christin. Ich habe eine persönliche Beziehung zu Christus; ich bin durch ihn ein neuer Mensch geworden.» – «Wenn du diese persönliche Beziehung suchst, wirst du sie weiterhin finden. Vielleicht täte es auch anderen Christen gut, die Bibel so zu lesen. Ein Damaskuserlebnis ist eine gute Sache.»

«Eigentlich hätte ich Lust dazu», findet einer meiner liberalen Bibel-Freunde, «bislang hat mich die Bibel inspiriert, mich um die Schwachen, Ausgestossenen und Zu-kurz-Gekommenen zu kümmern, um Menschen, die keine Stimme haben. Doch langsam geht mir der Schnauf aus. Ich brauche neue Kraft. Ein Damaskus- oder Pfingsterlebnis würde mir bestimmt helfen.» – «Auch dir kann ich nur sagen: Wer sucht, der findet.»

«Darf ich dir helfen auf deinem Weg zu deinem Pfingsterlebnis?», fragt die Ex-Biblizistin. «Ich möchte aber durch dich ebenfalls etwas von deinem Christus mitbekommen. Ich habe mich eigentlich nie um Schwache und Benachteiligte gekümmert, für mich gab es bislang immer nur Gottesdienste, Bibelstunden und Verteilen von so lieben Traktätchen. Aber Gott habe ich wirklich erfahren und möchte dir helfen, wenn du auch mir hilfst.»

Der liberale Bibel-Freund und die Ex-Biblizistin strahlen sich an. Es findet gerade ein erotisches Erdbeben statt.

Aus der Ecke der Ex-Bibelverächter wird ein Gemurmel hörbar. Zwei junge Männer stehen auf. Sie halten sich an den Händen. Ist das ein weiteres erotisches Erdbeben?

«Eigentlich haben wir die Bibel überhaupt noch nie gelesen, aber dauernd aus ihr zitiert», sagen sie. «Wir haben viele grässliche Bibelstellen gekannt, vor allem homophobe Bibelstellen, aber auch Verse, in denen Gott die Abschlachtung unschuldiger Menschen befiehlt. Für uns war die Bibel ein Buch, über das man nur kotzen kann. Das tut uns leid. Wir haben durch unsere Gespräche gemerkt, dass der Vater Jesu Christi ein menschenfreundlicher Gott ist. Wir werden jetzt die ganze Bibel lesen und mit dem Markusevangelium anfangen. Frage an dich: Würdest du uns trauen?» Begeisterter Applaus bricht aus. Mir wird ganz warm ums Herz. «Ja, das werde ich.» Ich springe auf und umarme die beiden.

«Und was wird aus mir?» Eine ältere Dame steht vor mir. «Ihr scheint alle sehr viel über den Gott der Bibel wissen. Ich selber weiss nichts. Ich bin zwar keine Atheistin, aber eine Agnostikerin; eine, die mit Sokrates nur sagen kann: Ich weiss, dass ich nichts weiss. Ihr tut so, als ob ihr mit Gott die Schulbank gedrückt hättet und er euer Kumpel wäre. Ich weiss nicht einmal, ob es ihn überhaupt gibt. Ich sage ja nicht, dass es ihn nicht gibt. Ich weiss es bloss nicht.» Ich umarme auch die Agnostikerin. «Ich weiss nach meinen vielen Lebensjahren sicher mehr über Gott als früher, aber ich weiss gleichzeitig auch weniger. Früher habe ich katechismusartig viel über Gott gewusst. Für all die vielen Fragen, die mir gestellt wurden, zitierte ich kluge theologische Sätze. Als evangelischer Christ war für mich der Papst nicht unfehlbar, ich selber dagegen schon. Ich zitiere zwar immer noch, aber mein Glaube ist heute bescheidener. In der biblischen Sprache: Er ist demütiger geworden. Nach all den Jahren mit vielen Gotteserfahrungen, aber auch Erfahrungen mit Zweifeln weiss ich sowohl mehr als auch weniger. Gott ist und bleibt ein Geheimnis; ein grosses wunderbares Geheimnis, in das wir eintauchen dürfen. Ich suche in der Heiligen Schrift nach Gott, aber sie ist für mich nicht mehr Wort Gottes pur. Wort Gottes ist für mich etwas anderes, Wort Gottes ist für mich eine Person.»

Und jetzt zitiere ich tatsächlich schon wieder, nämlich zwei Theologen aus der Zeit des deutschen Kirchenkampfs. Innerhalb des Protestantismus hatten sich die *deutschen Christen* mit dem hitlerschen Arierwahnsinn mithilfe der *Theologie der völkischen Religiosität* arrangiert. Dieser hitlertreuen Bewegung stellte sich die *bekennende Kirche* entgegen. Ihre Theologen waren der Schweizer Karl Barth sowie Dietrich Bonhoeffer und Martin Niemöller. Karl Barth wurde ausgewiesen, Bonhoeffer hingerichtet, Niemöller überlebte im Konzentrationslager. Karl Barth lieferte der bekennenden Kirche in der Barmer Erklärung die theologische Munition gegen den Arierwahnsinn und die Theologie der völkischen Religiosität. Bonhoeffer lehrte bis zu seiner Verhaftung am illegalen theologischen Seminar in Finkenwalde.

Das erste Zitat stammt von meinem Lehrer Karl Barth: *Jesus Christus, wie er uns in der Heiligen Schrift bezeugt wird, ist das eine Wort Gottes, das wir zu hören, dem wir im Leben und im Sterben zu vertrauen und zu gehorchen haben.* (aus der Barmer Erklärung)

Damit sagt Karl Barth deutlich, dass nicht die Bibel das Wort Gottes ist, sondern Jesus Christus, dass aber die Bibel diesen Jesus Christus bezeugt.

Bonhoeffer lehrte seine Studenten in Finkenwalde:

> *Ich glaube, dass die Bibel allein die Antwort auf alle unsere Fragen ist, und dass wir nur anhaltend und etwas demütig zu fragen brauchen, um die Antwort von ihr zu bekommen.*

> *Die Bibel kann man nicht einfach lesen wie andere Bücher. Man muss bereit sein, sie wirklich zu fragen. Nur so erschliesst sie sich. Nur wenn wir letzte Antwort von ihr erwarten, gibt sie sie uns. Das liegt eben daran, dass in der Bibel Gott zu uns redet. Und über Gott kann man nicht so einfach von sich aus nachdenken, sondern man muss ihn fragen.*

> *Natürlich kann man die Bibel auch lesen wie jedes andere Buch, also unter dem Gesichtspunkt der Textkritik etc. Nur ist das nicht der Gebrauch, der das Wesen der Bibel erschliesst, sondern nur ihre Oberfläche. Wie wir das Wort eines Menschen, den wir lieb haben, nicht erfassen, indem wir es zuerst zergliedern, sondern wie ein solches Wort einfach von uns hingenommen wird und wie es dann tagelang in uns nachklingt, … so sollen wir mit dem Wort der Bibel umgehen.*

> *Nur wenn wir es einmal wagen, uns so auf die Bibel einzulassen, als redete hier wirklich der Gott zu uns, der uns liebt und uns mit unseren Fragen nicht allein lassen will, werden wir an der Bibel froh.*
> *(Quelle: Illegale Theologenausbildung: Finkenwalde 1935-1937, DBW Band 14, S. 144 f.)*

Und jetzt folgt noch ein allerletztes Zitat, diesmal auf Berndeutsch. Unsere unvergessliche damalige Berner Professorin für

Altes Testament, Dora Scheuner, von uns Studenten nach der Richterin in der hebräischen Bibel ehrfürchtig Debora genannt, sagte einmal: *Gott het üs d'Bibu i üsi Häng ggäh; y hätt bau gseit: i üsi Chlööpe, i üsi Tööpe* (auf Hochdeutsch ungefähr: *Gott hat uns die Bibel in unsere Hände gegeben, fast wollte ich sagen: in unsere Pratzen, in unsere Tatzen).* Das mit den *Chlööpen* und *Tööpen* gilt sowohl für diejenigen, welche die Bibel schrieben, als auch für diejenigen, die sie heute lesen und auslegen.

Die Textkritik ist ein Hilfsmittel, aber sie ist nicht das froh machende, herausfordernde, tröstende, tragende Wort Gottes. Die Textkritik, das sind die ungewaschenen Chlööpe und Tööpe, die nach Schaufel und Pickel greifen, um zu arbeiten. Gebet und Meditation sind die gewaschenen Hände, die sich nach Gott ausstrecken. Und Gott ergreift diese Hände. Gott ist erfahrbar.

Nachwort

Mein Buch hat sich während des Schreibens zu einer Gesprächsrunde entwickelt. In Gedanken sprach ich sowohl mit Leserinnen und Lesern, die ich nicht kenne, als auch mit Menschen, denen ich in meinem langen Leben begegnet bin.

Im jugendlichen Alter von zwölf Jahren beschloss ich, Pfarrer zu werden. Heute bin ich zweiundachtzig. In meinem Buch sind nebst meinem eigenen Glaubensweg Begegnungen aus einem Zeitraum von siebzig Jahren verarbeitet: mit Mitschülerinnen und Mitschülern, mit Studenten und Professoren, mit Menschen bei Besuchen in ihren Wohnungen oder in Krankenhäusern und Gefängnissen, in Kirchen und auf Friedhöfen, bei Wanderungen in den Bergen, aber auch auf Reisen, im Flugzeug, im Zug, in der Strassenbahn oder auf der Strasse. Viele von ihnen leben nicht mehr, andere sind mir erst in den letzten Monaten und Jahren begegnet. Ich sehe diese Männer, Frauen und Kinder deutlich vor mir. Der eine oder die andere wird beim Lesen schmunzelnd feststellen: «Da schau her, das bin ja ich.» Es dürfen natürlich auch Leserinnen und Leser, die ich gar nicht kenne, den Eindruck haben, dass eigentlich sie gemeint sind.

Über die Bücher gehen ist ein Schweizer Ausdruck für Umdenken und Neudenken. Die Bibel besteht aus einer ganzen Anzahl von Büchern. Ich beende mein Buch kurz vor Weihnachten 2019. Es ist mein Weihnachtswunsch, dass Leserinnen und Leser über die Bücher und in die Bücher hineingehen.

Marcel Dietler